LA
GOM
ERA

EL HIERRO

INSIDER-TIPP
Deine
Abkürzung
ins Erleben!

Reisen mit MARCO POLO
Insider-Tipps

W0077566

MARCO POLO
TOP-HIGHLIGHTS

JARDÍN TECINA ⭐

Ein Adlerhorst auf einer Klippe, eingebettet in exotisches Grün – an seinem Fuß eine Pool-Landschaft mit Höhlenlokal.

📷 *Tipp: Zum Sonnenuntergang, wenn die Klippenterrassen zu glühen scheinen, schießt du farbgewaltige Fotos!*

➤ S. 50, Der Süden

SAN SEBASTIÁN DE LA GOMERA ⭐

La Gomeras Hauptstadt ist ein Dorf mit Stränden, schattigen Plazas und Promenaden.

📷 *Tipp: Besucher des Parador-Cafés machen Bilder von Hafen und Strand aus der Vogelperspektive.*

➤ S. 44, Der Süden

MIRADOR DE ABRANTE ⭐

Ein gläserner Steg führt über die Abbruchkante und bietet spektakuläre Tief- und Weitblicke.

➤ S. 73, Der Norden

VALLE GRAN REY ⭐

Das „Tal des Großen Königs" mit terrassierten Bergflanken voller Palmen erscheint wie ein Stück Paradies.

📷 *Tipp: Bei der Anfahrt bietet sich beim Mirador de Palmarejo ein toller Einblick ins Obertal.*

➤ S. 53, Der Süden

ERMITA DE SANTO ⭐

Von der Felskapelle schaust du in schwindelerregende Tiefe – wie nur kann man dort unten leben?

➤ S. 62, Der Süden

PARQUE NACIONAL DE GARAJONAY 6

Immergrüner Lorbeerwald, durchwabert von Wolkenschleiern – La Gomeras geheimnisvoller Nationalpark.

📷 *Tipp: Bei Sonne ist alles heiter und hell, seinen Zauber entfaltet der Wald bei Wolken und Nieselregen.*

➤ S. 76, Der Norden

VALLE DEL GOLFO 7

Eine großartige Landschaft: Über 1200 m hohe Bergflanken umschließen ein zum Meer geöffnetes Halbrund auf El Hierro.

📷 *Tipp: Unten kauert das "kleinste Hotel der Welt" – ein tolles Motiv.*

➤ S. 97, El Hierro

EL SABINAR 8

Vom Wind geformte Wacholderbäume – El Hierros Markenzeichen (Foto).

➤ S. 97, El Hierro

FARO DE ORCHILLA 9

Einst markierte der Leuchtturm auf El Hierro das Ende der Welt – es fühlt sich an, als wäre es noch immer so!

➤ S. 96, El Hierro

MIRADOR DE LA PEÑA 10

Gewaltige Tiefen, jähe Abstürze – César Manriques Aussichtspunkt krallt sich in eine Felswand auf El Hierro.

➤ S. 87, El Hierro

INHALT

DER NORDEN

DER SÜDEN

EL HIERRO

☉	Besuch planen	🍴	Essen/Trinken
€–€€€	Preiskategorien	🛍	Shoppen
(*)	Kostenpflichtige Telefonnummer	🍸	Ausgehen
		🌴	Top-Strände

(📖 A2) Herausnehmbare Faltkarte
(📖 a2) Zusatzkarte auf der Faltkarte
(0) Außerhalb des Faltkartenausschnitts

BESSER PLANEN MEHR ERLEBEN!

**Digitale Extras
go.marcopolo.de/app/lag**

MARCO POLO

DIGITALE EXTRAS

DIGITAL NOCH MEHR ERLEBEN

Schneller in Urlaubslaune kommen.

Perfekt organisiert sein – vor, während und nach dem Urlaub.

Mit der MARCO POLO Touren-App und unseren digitalen Angeboten.

Noch mehr Trendziele, Inspiration und aktuelle Infos findest du auf **marcopolo.de**

Werde Teil unserer Reise-Community und folge uns auf Instagram und Facebook!

SO EINFACH GEHT'S

① Website besuchen

② Die digitale Welt von MARCO POLO entdecken

③ App runterladen und ab in den Urlaub

Alle Infos zum digitalen Angebot unter **marcopolo.de/app**

DAS BESTE ZUERST

Valle Gran Rey

BEST OF
BEI REGEN

SCHÖN, AUCH WENN ES REGNET

CHRISTOPH KOLUMBUS ENTDECKEN

In San Sebastián (Foto) liegen die *Casa de Colón*, die Pfarrkirche *Nuestra Señora de la Asunción* und der *Torre del Conde* eng beieinander. Gemälde, Schiffsmodelle und Landkarten nehmen dich mit in jene Zeiten, als Amerika in Europa noch unbekannt war.

➤ S. 46, 45, 44, Der Süden

STOPPOVER BEI DEN RIESENEIDECHSEN

El Hierros urzeitliche Eidechse wird – mitsamt Schwanz – bis zu 70 cm lang. Besuch sie im *Lagartario* und schau dir nebenan ein Geisterdorf an.

➤ S. 98, El Hierro

BEIM TÖPFERN ZUSCHAUEN

Wer die Werkstätten von *Maria del Mar* und *Rufina* in El Cercado besucht, erfährt wie die Frauen ohne Töpferscheibe Gefäße herstellen.

➤ S. 33, Shoppen & Stöbern

SHOPPING-HOPPING

Die Einkaufsmeile im Valle Gran Rey führt vom Meer die *Calle Abisinia* hinauf. Hangel dich von Tür zu Tür: Geschäfte mit ausgefallenem Schmuck, schräger Mode, Naturkosmetik und Kunsthandwerk lenken vom Regen ab.

➤ S. 57, Der Süden

WHALE WATCHING AUF DEM TROCKENEN

Im *Océano Gomera* im Valle Gran Rey wirst du von Kennern gründlich auf den Waltrip vorbereitet – mit Filmen und Vorträgen auf Deutsch.

➤ S. 60, Der Süden

BASTION GEGEN PIRATEN

Die *Iglesia Santa Maria de la Concepción* dominiert die Plaza von Valverde und fasziniert im Inneren mit Holzdecken im maurischen Stil. Für El Hierros Mini-Hauptstadt eine erstaunlich große Kirche!

➤ S. 82, El Hierro

BEST OF
LOW-BUDGET

FÜR DEN KLEINEN GELDBEUTEL

FISCH FRISCH FÜR DEN EIGENEN TISCH

Wer sich Frisches aus dem Meer selbst zubereiten möchte, deckt sich im Hafen von *Vueltas* im Valle Gran Rey (La Gomera) oder in *La Restinga* (El Hierro) mit günstiger Ware ein. Andockende Fischer sind mit ein wenig Verhandlungsgeschick für ein beidseitig vorteilhaftes Geschäft bereit. Im Vergleich zu den offiziellen Marktpreisen sparst du um die 30 Prozent.

HEILENDES MINERALWASSER

Das Kurhotel *Balneario Pozo de la Salud* auf El Hierro wird von Heilwasser „gespeist", das du gratis kosten kannst. Bring dafür eine leere Flasche zur Rezeption mit (Foto).
➤ S. 101, El Hierro

NATURPOOLS GRATIS

Egal ob *Tamaduste* oder *Cala de Tacorón, La Caleta* oder *La Maceta:* Auf El Hierro findest du attraktive Naturpools, in denen du geschützt baden kannst. Ganz ohne Kurtaxe! Und das Wasser ist immer frisch: Während der Flut wird es ausgewechselt.
➤ S. 86, 94, 99, El Hierro

SPASS MIT DEM MUSEUMSPASS

Für 18 Euro bist du dabei! Dann kommst du mit dem *Pasaporte para descubrir* in alle Besucherzentren und Museen auf El Hierro. Du sparst damit mehr als die Hälfte der Eintrittspreise!
➤ S. 121, Gut zu wissen

GOMERAS GANZE WELT

Das Besucherzentrum *Juego de Bolas* stellt dir die Insel vor: Im Garten wachsen Ur-Gomeros, Schaubilder und Dokufilme erzählen von der Entstehung der Insel. Und nebenan kannst du sehen, wie Bauern einst lebten und arbeiteten. Dies alles ohne einen Cent Eintritt!
➤ S. 72, Der Norden

SPANNENDES FÜR GROSS & KLEIN

LEGENDÄRER BABY-BEACH

Die Lagune ist flach, hat einen kleinen dunklen Sandstreifen und füllt sich bei Flut mit Frischwasser – *Charco del Conde* ist der ideale Badeplatz für die ganz Kleinen in La Puntilla im Valle Gran Rey.

➤ S. 61, Der Süden

TEAMWORK IM VALLE

Mama und Papa wollen mal allein sein? Kein Problem! Den Nachwuchs halten *Kangoroohs* deutschsprachige Pädagogen mit Spielen und Bastelworkshops bei Laune – stunden- oder tageweise. Und da im Valle Gran Rey viele urlaubende deutsche Kinder sind, ist für Kontakt mit Gleichaltrigen gesorgt.

➤ S. 58, Der Süden

WIPPEN, SCHAUKELN, LEHRPFAD ERKUNDEN

Während Eltern grillen, spielen Kinder auf der Waldlichtung *Laguna Grande.*

Rustikale Schaukeln und Wippen stehen bereit, ein kurzer Lehrpfad führt ins Lorbeerdickicht. Kein Picknick dabei? Ein rustikales Lokal bietet Speis und Trank.

➤ S. 77, Der Norden

GRILLEN UND TOBEN

Hoya del Morcillo oberhalb von El Pinar auf El Hierro ist mit Grillmöglichkeiten der liebste Wochenendplatz der Herreños – nicht nur Kinder bekommen hier beim Herumtoben auf Holzgerät leicht Kontakt zu Einheimischen.

➤ S. 94, El Hierro

PIRATEN, AUFS MEER!

Das Land hinter sich lassen und hinaus auf die schwappende, gurgelnde See – das lässt Piratengeschichten aufleben! Von Vueltas im Valle Gran Rey starten bei ruhiger See jeden Tag *Ausflugsboote* zu Trips entlang der Küste.

➤ S. 58, Der Süden

DAS ERLEBST DU NUR HIER

MYSTERIUM NEBELWALD

Der immergrüne Lorbeerwald – rund ums Mittelmeer längst ausgestorben – wird von heraufziehenden Passatwolken feuch gehalten. Den Wald findest du auf La Gomera im *Parque Nacional de Garajonay* und auf El Hierro südlich von *Raya de la Llanía*. Auf Wanderwegen tauchst du in seinen Zauber ein.

➤ S. 76, 90, Der Norden, El Hierro

KLEBRIGE KÖSTLICHKEIT

Ein gutes Naturheilmittel ist Sirup gewonnen aus Dattelpalmen, die in unbelasteten Gebieten wachsen. Probier den originellen Geschmack, der noch das langweiligste Dessert in einen Leckerbissen verwandelt.

➤ S. 32, Shoppen & Stöbern

INSELWEIN – HERKUNFTSGESCHÜTZT

Auf beiden Inseln wachsen Rebsorten, die auf dem europäischen Festland durch Schädlinge ausgestorben sind. Aus ihnen wird Weiß- und Rotwein gekeltert, der v. a. auf El Hierro Topqualität erreicht. Auch Gomeras Tropfen werden immer besser. Einfach im Restaurant einen *vino de la isla* bestellen!

PFIFFIGE SPRACHE

El Silbo ist in aller Munde. Erleb die einzigartige Kommunikationsform, die es so nur auf La Gomera gibt, im *Museo Etnográfico* in Hermigua wird sie ausführlich vorgestellt.

➤ S. 74, Der Norden

SCHICHT UM SCHICHT

Die zerfurchte Topografie der Inseln zwang die Bauern, handtuchschmale Terrassenfelder anzulegen (Foto). Besonders im Valle Gran Rey ist eine fantastische Terrassenlandschaft zu bestaunen, auf El Hierro findest du sie z. B. an den Steilhängen des Valle del Golfo.

➤ S. 53, 97, Der Süden, El Hiero

SO TICKT
LA GOMERA

ENTDECKE LA GOMERA

Von der Gischt herausgefordert: das Hotel El Punta Grande auf El Hierro

Von den Kanarischen Inseln sind La Gomera und El Hierro die stillsten – Massentourismus gibt es nicht. Klein mag La Gomera erscheinen, doch die Insel steckt voller Überraschungen: Der Norden ist feucht-frisch, der Süden sonnig-warm, und in der Mitte bedeckt wolkenverhangenes Lorbeerland Hänge und Hochland. Sonnenanbeter am Strand und Wanderer in Regenkleidung trennt häufig nur eine halbe Stunde Autofahrt!

AUS DEM ATLANTIKBODEN GEWACHSEN

Die eruptive Entstehung ist La Gomera auf den ersten Blick kaum anzumerken: Aus der Vogelperspektive erscheint die Insel fast rund, wie von einem Küchenmesser zerschnitten führen von der Gipfelregion in der Mitte tiefe Schluchten zu den wilden und zerklüfteten Küsten hin. Die Schluchten haben Wasser und

ab 500 v. Chr.
Nordwestafrikaner kommen auf die Inseln

1402–05
Der Normanne Jean de Béthencourt erobert Teile des Archipels für die kastilische Krone

1492
Erster Besuch von Christoph Kolumbus

16. Jh.
Die Inseln sind Spaniens erste Kolonie: Zuckerrohranbau und Weinanbau sind wichtige Einnahmequellen

17.–19. Jh.
Armut zwingt viele, nach Amerika auszuwandern

Wind in Millionen von Jahren ins Gestein gegraben. Es sind rund 50, hier *barrancos* genannt, die sich kilometerlang und oft mit Steilwänden bis zu 800 m dahinziehen. In ihren Ausläufern bilden sie kleine Buchten in der Steilküste oder sie weiten sich zu sanften Tallandschaften, wie dem berühmten Valle Gran Rey oder dem Tal von Hermigua. In den Flussdeltas der Täler liegen die wichtigen Ortschaften. Überragt wird diese zerfurchte Bergwelt von gewaltigen, kegelförmigen Basaltfelsen, den *roques,* und einem mächtigen Tafelberg, der *Fortaleza.* Als erstarrte Schlotfüllungen von Vulkanen, die durch Erosion freigelegt wurden, sind die *roques* Zeugen der Entstehungsgeschichte der Insel.

KLEIN, ABER OHO

Der geringe Durchmesser von nur 25 km lässt die Durchquerung La Gomeras mit dem Auto beim Blick auf die Landkarte zunächst als Kleinigkeit erscheinen. Doch das täuscht: Aufgrund der vielen Schluchten kommst du nur langsam voran. El Hierro hingegen wirkt nicht ganz so zerfurcht – auch hier sorgen steile Felsabbrüche und weitläufige Hochflächen für einen atemberaubend schönen landschaftlichen Kontrast. Anders als auf La Gomera ist auf El Hierro der Vulkanismus gegenwärtig. Vor allem im Inselsüden sieht man schwarze Lavaströme, die sich einst über die Hänge ergossen und mitten im Lauf in verschlungenen Formen erstarrten. Der letzte große Ausbruch fand 2011/12 statt und führte zur Ausbildung eines neuen unterseeischen Vulkans vor La Restinga, dem Eldiscreto. Inzwischen hat die Unesco die Insel zu Spaniens erstem Geopark erwählt. Auf-

1936–75 Spanischen Bürgerkrieg und Franco-Diktatur. 1975 wird Spanien eine Demokratie

1986 Spanien wird Teil der EU, die Kanaren erhalten üppige EU-Fördergelder

2011 Ausbruch des Unterwasservulkans Eldiscreto vor El Hierro

2013 La Gomera wird Unesco-Biosphärenreservat

2014–20 El Hierro wird Unesco-Geopark. Auf den Inseln wird der Energiebedarf zunehmend durch Wind-, Sonnen-/Wasserkraft erzeugt

grund der wilden, zerrissenen Bergwelt krümmen und hangeln sich auf beiden Inseln die schmalen Straßen abenteuerlich und in einer endlosen Folge von Kurven durch die zerklüftete Bergwelt. Schwindelfreie und geübte Wanderer finden in sogenannten Durchstiegen, die in den Steilwänden der Täler angelegt sind, eine Herausforderung. Schon seit Jahrhunderten dienen sie als direkte Verbindungswege zwischen den mächtigen Bergrücken.

INSIDER-TIPP
Berber auf den Kanaren

WER WAR ZUERST DA?

Gene, Geographie und Geschichte deuten darauf hin, dass die ersten Siedler nordafrikanische Berber waren, die um 500 v. Chr. auf die Inseln kamen. Die Gomeros und Bimbaches (die Ureinwohner von El Hierro) lebten isoliert vom Rest der Welt als Ziegenhirten, Bauern und Küstenfischer. Kaum wurden sie von europäischen Seefahrern im ausgehenden Mittelalter „entdeckt", folgte ihre Unterwerfung. Viele Ureinwohner starben bei der militärischen Eroberung der Inseln zu Beginn des 15. Jh. Ihre Kultur wurde durch die der Konquistadoren ersetzt: Wo sie nicht bewusst zerstört wurde, geriet sie im Lauf der Zeit in Vergessenheit.

GEISTERDÖRFER …

Wer heute auf einem der schmalen Esels- und Ziegenpfade ein abseits gelegenes Dorf besucht, der merkt oft erst beim Näherkommen, dass es verlassen ist – so gut sind die aus Naturstein gebauten Häuser noch in Schuss. Mehrere solcher aufgegebenen Dörfer gibt es auf den Inseln. Sie erinnern daran, dass um die Mitte des 20. Jhs. zeitweise bis zu 50 000 Menschen auf La Gomera lebten. Heute sind es gut 21 000 (auf El Hierro knapp mehr als 10 000). Neben der bescheidenen Selbstversorgerwirtschaft fanden sie ihr Auskommen hauptsächlich als Arbeiter in den wechselnden Monokulturen: Vor den Bananen wurde großflächig Zuckerrohr und Wein angebaut. Immer, wenn eine Monokultur unrentabel wurde, folgte eine Auswanderungswelle nach Venezuela oder Kuba.

… UND AMERIKA-BANDE

Die enge Verbundenheit mit diesen Ländern hat die Kultur auf den Inseln stärker geprägt als das spanische Mutterland, der locker-heitere Swing von Salsa und Merengue passt zum Lebensgefühl. Auf den vielen Fiestas wird ausgelassen getanzt und gesungen. Fremden gegenüber verhält man sich freundlich, aber distanziert. Die großen Stücke vom Kuchen „Tourismus" – so denken viele – teilen sich sowieso Investoren, Hoteliers und Restaurantbesitzer von auswärts, für die Einheimischen fällt allenfalls ein zeitlich begrenzter Arbeitsvertrag ab. Wobei das Bewusstsein der Inselbewohner, durch Eigeninitiative selbst vom Besucherstrom zu profitieren, wächst: Immer mehr Insulaner suchen den Weg in die Selbstständigkeit. Doch so oder so legen sie Wert auf eine positive Lebenseinstellung nach dem Motto „Es gibt nichts, das nicht irgendwie geworden wäre".

AUF EINEN BLICK

21.136
Einwohner auf La Gomera

Sylt: 15.200

42.000
Kreuzfahrer
fallen jährl. auf La Gomera
ein

76km
Küstenlänge La Gomeras

Festland Küstenlänge an
der Ostsee: 328 km

369,8km²
Fläche La Gomeras

Usedom: 445 km²

HÖCHSTER BERG
LA GOMERAS:
GARAJONAY

1.487M

6KM
REICHT DAS IN
SILBO-SPRACHE
GEPFIFFENE WORT

BELIEBTESTER
REISEMONAT

DEZ.

ÄLTESTES PROFANES BAUWERK LA GOMERAS

Torre del Conde in San Sebastián; erbaut 1447 als Teil der
Stadtbefestigung

AFRIKA

ist der nächste Nachbarkontinent:
400 km ist La Gomera von der afrikanischen Küste entfernt

BERÜHMTESTES REPTIL
Lagarto gigante (Eidechse):
bis zu 70 cm lang

CAMINO DE LA VIRGEN:
AUF 27 KM EL HIERRO
EINMAL DURCHLAUFEN

LA GOMERA VERSTEHEN

GLÜCKSKINDER?

„Wir Kinder des Glücks" titelte eine Mare-Reportage über deutsche Gomera-Aussteiger. Das Valle Gran Rey im Inselwesten ist der Deutschen bekannteste Aussteigerkolonie: Hippies, Hedonisten und alternative Bohemiens zieht es seit den 1970er-Jahren dorthin. Was sie suchen, sind Sinn und Sinnlichkeit, ein Leben in ungezähmter Natur, im Rhythmus von Jahreszeiten und Gezeiten, frei von den Zwängen einer Leistungs- und Konkurrenzgesellschaft. Und La Gomera scheint diese Träume zu erfüllen. Noch immer ist die Insel anders – anders als die Heimat, aber auch als die großen Schwestern Teneriffa und Gran Canaria. Hier gibt es weder Shoppingmalls noch schicke Clubs, weder Bettenburgen noch „Essen wir bei Muttern". Auch weiße Strände sind Fehlanzeige. Die ersten Aussteiger brachen meist alle Brücken hinter sich ab und erprobten auf La Gomera alternative Lebensentwürfe. Einige zogen in die Bhagwan-Community an der Playa Argaga, andere in die Otto-Mühl-Kommune bei San Sebastián. Und wieder andere richteten sich in La Gomeras Höhlen häuslich ein.

Heute ist die Zeit des ausgelassenen (Höhlen-)lebens für die meisten vorbei. „Kohle machen" heißt auch bei den Hippies von einst die Devise – denn von irgendetwas muss der Mensch leben. Und so vermieten sie Apartments, betreiben Lokale, Läden und Outdoor-Agenturen. Und ihre auf La Gomera geborenen Kinder? Viele zieht es fort in eben jene Welt, aus der ihre Eltern einst ausgebrochen waren.

SANDIG

Wer weiße Paradestrände sucht, ist auf La Gomera und El Hierro fehl am Platz. Auf ein Bad muss trotzdem niemand verzichten. Ins Wasser steigt man an Lavabuchten, die im Jahresverlauf ihr Gesicht ändern: Im Sommer kippt die Meeresströmung reichlich Sand an die Küste, das Wasser ist relativ ruhig und strömungsarm. Im Winter aber holt sie sich „ihren" Sand zurück ... Ein klassisches Beispiel hierfür ist im Valle Gran Rey die Playa del Inglés. Während der Ozean im Winter gegen den Kiesstrand brandet und ihn aushöhlt, finden die Badegäste im Sommer reichlich Sand vor.

Das ganze Jahr über sandig ist nur die geschützte Minibucht im Hafen Vueltas und in Teilen der Strand zwischen La Playa und La Puntilla. Wer die umständliche Anfahrt nicht scheut, genießt an der Playa de Alojera im Westen einen teils sandigen Kiesstrand. Mehr Sand ist nicht drin: In Vallehermoso wurde mangels Bademöglichkeit ein Pool geschaffen, der aber meist nur im Sommer mit Wasser gefüllt ist; natürlicher ist das felsige Meeresschwimmbecken in Hermigua, wo aufgrund der starken Brandung im

INSIDER-TIPP
Im Fels, auf Lavasand

El Silbo – da pfeifst du doch auf langes Palavern

Winter das Baden aber zu gefährlich ist. Im Nordosten ist die Playa de la Caleta und im Südosten der Lieblingsstrand der Stadtbewohner San Sebastiáns, die Playa de Avalos, einen Badeabstecher wert. Hauptbadeort auf El Hierro ist La Restinga im Süden. Im Nordosten der Insel eignen sich die geschützte Bucht La Caleta und die Bucht von Tamaduste am besten zum Baden. Dazu gibt es Naturschwimmbecken im Valle del Golfo.

GEPFIFFEN! ⚑

„Das einzige Schulfach, das mir Spaß macht!", sagt Pedro, ein Drittklässler aus San Sebastián. El Silbo, wie Gomeras Pfeifsprache genannt wird, ist in der Grundschule Pflicht. Wie Pedro empfinden die meisten Schüler: Sie pfeifen um die Wette, je lauter, desto besser. Auch ältere Gomeros sind dem Pfeifen zugetan. In Hermigua treffen sie sich regelmäßig zum gepfiffenen Austausch. Höchste Weihen erhielt El Silbo von der Unesco, die ihn zum schützenswerten Kulturgut erklärte. Und bei einem von der Inselregierung ausgelobten Pfeifkonzert winken hohe Prämien …

Auch die andere Kanarischen Inseln kennen die Pfeifsprache, aber auf La Gomera, wo die zerklüftete Topographie eine schnelle Verständigung über Schluchten erzwang, hat sie ihren Ursprung. Sie ist durchdringender als das gesprochene Wort und bei günstigen Windverhältnissen bis zu 6 km weit zu hören. In Notfällen konnte Hilfe herbeigepfiffen werden. Als Franco-Truppen auf La Gomera einmarschierten, diente El Silbo sogar als

Farbtupfer der Natur:
immer ein schönes Fotomotiv

getationsstufen der Insel, unter ihnen 700 endemische, d. h. nur hier heimische. Rund um den höchsten Gipfel der Insel breitet sich die Vegetation des immergrünen Lorbeerwalds aus, die nur durch die klimatischen Verhältnisse auf den Inseln möglich ist.

Eine entscheidende Rolle spielen dabei die Passatwolken, die die Gewächse das ganze Jahr über mit der notwendigen Feuchtigkeit versorgen. Die von den Bäumen herabhängenden Flechten verleihen dem Wald ein märchenhaftes Aussehen. Vor allem bei dem meist vorherrschenden Nebel geht von dieser Landschaft ein einzigartiger Zauber aus.

Auf La Gomera existieren nur wenige wilde Exemplare des sagenumwobenen Kanarischen Drachenbaums *drago*, einer Lilienart, die mehrere Hundert Jahre alt werden kann, während man auf El Hierro den heiligen Baum der Ureinwohner häufiger findet. In den Gärten wartet eine Blumenpracht aus Bougainvillea, übermannshohem Weihnachtsstern, Hibiskus und vielen anderen Gewächsen, die dir zum Teil als Zimmerpflanzen vertraut sind, die du wegen ihrer beachtlichen Größe hier aber kaum wiedererkennen wirst.

Geheimsprache für den Widerstand. Tonhöhe und Länge des Pfiffs modulieren die unterschiedlichen Silben. Dabei wird der abgeknickte Zeigefinger in den Mundwinkel gelegt und die Zunge nach hinten gebogen. Die andere Hand bildet einen Schalltrichter. Die hohen Tonlagen erinnern an das Zwitschern von Kanarienvögeln.

FLORA

Auf La Gomera gehen dir die Augen über. Mehr als 2000 Pflanzenarten gedeihen in den fünf verschiedenen Ve-

ENERGIEPIONIERE

Stolz sind die Herreños, wenn man sie auf ihre saubere Umwelt anspricht. Dass ausgerechnet hier, auf einer kleinen Insel in den Weiten des Atlantiks, etwas geschaffen wurde, was es nirgendwo sonst in Europa gibt – das können sie noch immer nicht recht glauben. Aber Tatsache ist: Die Energieversorgung der 10 000 Einwohner

El Hierros und seiner Besucher erfolgt ausschließlich durch erneuerbare Energien. 2015 wurde in Valverde ein Windkraft-, Solar- und Wasserkraftwerk mit fünf Windturbinen eingeweiht (goronadelviento.es). Eine einzelne Turbine kann elektrischen Strom mit einer Leistung von 2,3 Megawatt erzeugen. Dies reicht aus, um ganz El Hierro zu versorgen. Da sich die Räder bei Windstille nicht drehen bzw. bei Starkwind abgeschaltet werden müssen, wurde ein weltweit bisher einzigartiges Konzept entwickelt. Im benachbarten Vulkankrater La Caldera wurde ein Becken mit einer Kapazität für $500\,000\ m^2$ Wasser angelegt. Solange die Windturbinen laufen, pumpt überschüssiger Windstrom entsalztes Meerwasser nach oben in den Krater. Anschließend schießt es über ein 80 cm dickes Rohr fast 700 Höhenmeter in die Tiefe, treibt dabei eine Stromturbine an und wird in einem Becken in der Nähe des Hafens gesammelt. So ist die Stromversorgung unabhängig vom Wind gesichert.

BAUBOOM

EU-Subventionen in Milliardenhöhe wurden auf den Kanaren verbaut. Wo in den 1970er-Jahren noch Eselkarren auf Pisten unterwegs waren, gibt es jetzt bestens ausgebaute Bergstraßen. Zahlreiche Tunnel wurden in Fels gesprengt – allein auf La Gomera sind es mehr als ein Dutzend. Und jeder noch so kleine Ort erhielt einen schönen Dorfplatz. In Zeiten des Booms (1996–2011) arbeiteten viele in der Bauwirtschaft und ließen ihre Felder brach

KLISCHEE KISTE

IMMER UNPÜNKTLICH!

Darauf kann man sich verlassen: Der Freund oder die Freundin rufen 10 Minuten nach der vereinbarten Uhrzeit an, um zu sagen, dass sie in 15 Minuten definitiv da sein werden… um nach weiteren 15 Minuten ohne einen Funken schlechten Gewissens einzutrudeln. Das gilt aber nur für Freunde und Familie, nicht für die Arbeit!

BEIM ESSEN TEILEN

Wer im Restaurant allein über der Speisekarte brütet, um sich „sein" Gericht auszuwählen, gilt als Spielverderber. „Compartimos?" (teilen wir?) lautet die rhetorische Frage, wenn Kanarier gemeinsam essen gehen. Denn natürlich wird geteilt, d. h. gemeinsam bestellt und gegessen. Der Tisch füllt sich mit vielen kleinen, mittig platzierten Tellern, auf dass jeder mal hier, mal da kosten kann. Das gilt nicht nur für die rustikale Tasca, sondern auch für das feine Lokal. Und die Rechnung? Jeder kämpft lautstark darum, das Bezahlen für alle zu übernehmen – am Ende ist es doch derjenige, der sowieso „dran" ist. Es geht schön reihum und alle scheinen zu wissen, wer wann „fällig" ist. Übrigens käme der Kellner nie auf die Idee, mehrere Rechnungen vorzubereiten – mit einer ist es für ihn getan!

Sagenhafte Naturschauspiele lassen sich am Mirador de Los Roques genießen

liegen, sodass heute Butter aus Irland, Äpfel aus Chile und Geflügel aus Brasilien kommen. Jetzt aber schrumpft die EU-Geldquelle und die Baubranche hat nach der Finanz- und Wirtschaftskrise Bedeutung verloren. So ist die Arbeitslosigkeit trotz starkem Tourismus hoch (20 Prozent).

WETTERMACHER

Man könnte meinen, Gespenster seien unterwegs – im Lorbeerwald huschen Wolkenfetzen hangaufwärts. Wo sie hinkommen, versinkt alles in wattigem Weiß. Angetrieben werden die Wolken von Passatwinden, von den Einheimischen *Vientos alisios* (paradiesische Winde) genannt. Zusammen mit dem kühlen Kanarenstrom sind die Passatwinde die Garantie für eine stabile Wetterlage. Sie bescheren den Inseln, die nur ein paar Hundert Kilometer vom heißen Nordafrika entfernt liegen, einen ewigen Frühling und das wohl beste Klima der Welt. Ihren Ursprung haben die Passatwinde am Äquator, wo die senkrecht stehende Sonne die Luftmassen derart erwärmt, dass die Winde bis in große Höhen aufsteigen und nach Norden und Süden abfließen. Auf ihrem Weg nach Norden kühlen sie ab, sinken dadurch in geringere Höhen und fließen von dort zum Tiefdruckgebiet am Äquator zurück. Die unteren Luftschichten nehmen dabei vom Meer Feuchtigkeit auf. An den höheren Berghängen des Nordostens werden die feuchtkalten Passatwolken dann zum Aufsteigen gezwungen, verwirbeln mit den wärmeren höheren Luftschichten, kondensieren und befeuchten so die Nordosthänge der Inseln.

RIESENEIDECHSE

Man staunte nicht schlecht, als sich La Gomeras vermeintlich ausgestorbene

men Gallotia simonyi. Im Dorf Guinea im Golftal kannst du die Rieseneidechse besuchen (s. S. 98). Aber sei nicht enttäuscht: Die Tiere sind nicht so riesig, wie es der Name verspricht: Beide Arten werden – Schwanz mitgerechnet – bestenfalls 70 cm lang.

WASSERGÖTTIN

Einer Legende zufolge waren Prinzessin Gara und Hirtensohn Jonay unsterblich ineinander verliebt. Dauerhaftes Glück aber war ihnen nicht vergönnt: Garas Eltern wollten eine Heirat mit allen Mitteln verhindern. In ihrer Verzweiflung flüchteten die Verliebten in die Berge und fassten den Entschluss, sich von der Welt zu verabschieden. Lieber gemeinsam sterben als getrennt leben müssen: Sie erklommen den höchsten Gipfel der Insel, schnitzten sich Lanzen aus Lorbeerholz und durchbohrten einander die Brust. „Garajonay": so nannten die Gomeros fortan den 1487 m hohen Berg. Garas Seele, so wird behauptet, lebt im Nebelwald fort und sorgt dafür, dass es der Insel am kostbaren Nass nie fehlt.

La Gomera verfügt im Gegensatz zu den anderen Kanarischen Inseln über ausreichend Wasser aus natürlichen Quellen. Begünstigt sind besonders die Täler im Norden der Insel und vor allem das Valle Gran Rey, durch dessen oberen Talabschnitt das ganze Jahr über ein kleiner Bach fließt. Von hier wird das Wasser in Tanks geleitet und läuft dann durch Bewässerungsgräben auf die Felder. Zusätzlich wird Regenwasser in Stauseen aufgefangen.

Rieseneidechse der Öffentlichkeit präsentierte. Sie erschien 1996 einem Hirten, der einer verirrten Ziege nachgestiegen und dabei in eine abgelegene Felsspalte gelangt war. Kaum hatte er seinen Fund kundgetan, reisten Heerscharen von Biologen an, um das „Wunder" zu bestaunen. Rasch ließen sie eine Zuchtstation erbauen, auf dass sich Männlein und Weiblein fleißig vermehrten und sie das Überleben der Gallotia gomerana sicherten. Die Arbeit der Biologen war erfolgreich, La Gomeras Rieseneidechse scheint heute gerettet. Mittlerweile haben so viele Nachkommen das Licht der Welt erblickt, dass einige Tiere ausgewildert werden konnten.

Freundliche Beschützer fand auch die Rieseneidechse der Insel El Hierro, die sich in der langen Zeit der Inselisolation anders entwickelte als die Verwandtschaft von der Nachbarinsel. Sie bildet eine eigene Art unter dem Na-

ESSEN
SHOPPEN
SPORT

El Hierro, La Maceta

ESSEN & TRINKEN

Die Ziege steht auf der Alm, Gemüse wächst auf Bergterrassen, und der Thun schwimmt im Atlantik: Die kanarische Küche ist deftig, einfach und gut!

DEN ANFANG MACHEN

Die Vorspeisen sind oft so sättigend, dass sich ein Hauptgericht zu erübrigen scheint. Doch da sich die Insulaner meist alles teilen, ficht sie das nicht an! Spezialitäten sind Blutwurst nach Art des Küchenchefs *(morcilla al estilo del chef),* mit Zwiebeln und Tomaten geschmort, mit Thymian und Muskatnuss gewürzt, mit Kräutern angebratene Leberstückchen *(carajacas)* oder hauchdünn geschnittene Scheiben vom rohen Schinken *(jamón serrano).* Auch Fischiges kommt gut an: frittierte Muränenstücke *(morenas fritas),* Tintenfische in Vinaigrettesauce *(pulpos a la vinagreta),* marinierte Sardinen *(sardinas en escabeche).* Für

Veggies kommt nur Weniges in Betracht: grüne Peperoni, in Olivenöl angebraten und stark gesalzen *(pimientos de Padrón)* oder ein frisch angemachter gemischter Salat *(ensalada mixta)* mit Gurken, Tomaten, grünem Salat, Mais, Zwiebeln, Spargel und Avocadostückchen.

ODER LIEBER EINE SUPPE?

An Suppen gibt es Fisch- bzw. Meeresfrüchtesuppe *(sopa de pescado/de marisco)* oder die gehaltvolle Gemüsesuppe *(potaje).* Manchmal kommt eine kräftiger schmeckende Kürbissuppe *(sopa de calabaza)* auf den Tisch. Sehr würzig schmeckt Eintopf aus Wasserkresse *(potaje de berros),* der mit Kartoffeln angereichert und mit Maiskolbenstückchen dekoriert wird. Wenn's stilecht und traditionell zugeht, kommt er im Holznapf auf den Tisch.

INSIDER-TIPP
Authentischer Holznapf

Papas arrugadas, Kressesuppe (li.), Pimientos de Padrón (re.)

GUTES GOFIO

Schon bei den Altkanariern gab es deftige Eintopfgerichte, in denen alles landete, was die Selbstversorgerwirtschaft hergab. Angedickt wurde mit dem nahrhaften, ballaststoffreichen *gofio*, einem Mehl aus geröstetem Getreide und Mais. Bis heute ist es ein Grundnahrungsmittel geblieben, wie die vielen Sorten im Supermarktregal belegen. Variantenreich sind auch die Gerichte, die aus *gofio* entstehen, gern pikant, aber auch süß, z. B. mit Brühe zu einer zähen Masse gerührt, die mit roten Zwiebelscheiben gelöffelt wird oder mit Milch, Rosinen und Nüssen zu einem Dessert verarbeitet. Für die meisten Auswärtigen ist *gofio* allerdings gewöhnungsbedürftig.

VOM GRILL

In manch einem Restaurant glüht in der Ecke ein großes Grillfeuer, auf dem Lendenfilets *(solomillo)*, Schweinekoteletts *(chuletas)*, Schweinerippchen *(costillas)*, Lammfleisch *(cordero)*, Hähnchen *(pollo)* oder eine Bauernbratwurst *(salchicha)* zubereitet werden. Wildkaninchen *(conejo)* oder Zicklein *(cabrito)* hingegen werden einige Tage zuvor eingelegt und dann im Ofen gegart.

RUNZELKARTOFFELN MIT SAUCE

Das wohl bekannteste kanarische Gericht sind kleine gesalzene Schrumpelkartoffeln *(papas arrugadas),* die mit pikanten Saucen gewürzt werden, der grünen *mojo verde* und der roten *mojo rojo.* Für die grüne *mojo* werden Knoblauch, Koriander und etwas Salz im Mörser zerstoßen und mit Essig und Öl verrührt. Grundlage für die scharfe rote *mojo* sind Chilischoten, Knoblauch, Essig und Öl. Sehr pikant ist auch *almogrote*, geriebener reifer Ziegenkäse mit *mojo rojo* vermischt und glatt gestrichen.

Mirador de la Peña auf El Hierro:
Restaurant zwischen Himmel und Meer

AUS DEM WASSER

Fischliebhaber kommen auf ihre Kosten. Generell gilt, dass Fisch immer dort gegessen wird, wo er auch gefangen wird, also auf La Gomera beispielsweise in Playa de Santiago oder auf El Hierro in La Restinga. Die fangfrischen Fische *(pescado fresco)* wie Riesenzackenbarsch *(cherne)*, Seehecht *(merluza)*, Zahnbrasse *(pargo* oder *sama)*, Goldbrasse *(dorada)* oder Papageienfisch *(vieja)* sind alle zu empfehlen. Ebenso Thunfisch *(atún)*, Seezunge *(lenguado)*, Tintenfische *(chocos)* und Krabben in Knoblauchöl *(gambas al ajillo)*, gegrillte Felsmuscheln *(lapas a la plancha)* oder gedünstete Miesmuscheln *(mejillones)*.

DAS DESSERT DANACH

Die beste kanarische Nachspeise heißt *bienmesabe* – auf deutsch „schmeckt mir gut" – und ist eine Mischung aus gemahlenen Mandeln, Honig, Eiern und fein geriebener Zitronenschale. Sie wird pur mit dem Löffel gegessen oder als Sauce zum Vanilleeis gereicht. Ebenfalls sehr köstlich mundet eine Mandeltorte, die gern mit Palmsirup abgeschmeckt wird.

WEIN UND MEHR

Der Inselwein vom Fass *(vino del país)* schmeckt kräftig herb. Kultivierte ⚑ Flaschenweine kommen aus dem Norden La Gomeras *(Roque Cano)* oder El Hierros *(Viña Frontera)*. Biertrinker haben die Wahl zwischen einem kleinen gezapften Bier *(caña)* oder dem großen Humpen *(jarra)* und Flaschenbier *(botella)* – meist der Marke Dorada von der Nachbarinsel Teneriffa. Freunde des Hochprozentigen probieren den selbst gebrannten Tresterschnaps *(parra)* oder einen *ron arehucas*. Dieser Rum aus Zuckerrohr wird auf der Nachbarinsel Gran Canaria hergestellt.
Sehr lecker sind die frisch gepressten Fruchtsäfte aus Orangen *(zumo de naranja)*, Mangos *(zumo de mango)* oder Papayas *(zumo de papaya)*. Gute Qualität hat das Mineralwasser *(agua mineral)* von den Nachbarinseln – mit Kohlensäure *(con gas)* und ohne Kohlensäure *(sin gas)*.
Ein Kaffee rundet das Mahl ab. Ein Espresso *(café solo)* wird mit Kondensmilch zu einem *cortado*, zusätzlich mit frischer Milch wird er zu einem *cortado leche*. Oder darf's ein großer Milchkaffee *(café con leche)* sein?

Unsere Empfehlung heute

Vorspeisen

ALMOGROTE
Aufstrich aus reifem, geriebenem
Ziegenkäse, haltbar gemacht mit
Olivenöl und Pepperoni

POTAJE DE BERROS
Kresseeintopf

PUCHERO CANARIO
Eintopf mit viel Gemüse und Fleisch

CALDO DE PESCADO
Fischsuppe mit Kartoffeln und Kräutern

Hauptgerichte

PESCADO A LA PLANCHA
Fisch mit Olivenöl, Salz und Knoblauch
auf heißer Platte gebraten

SANCOCHO CANARIO
In Salz eingelegter, gekochter Fisch mit
Gemüse und Süßkartoffel

**CONEJO / CARNE DE CABRA /
BAIFO**
Pikant mariniertes Kaninchen /
Ziegenfleisch / Zicklein

CABRITO AL HORNO
Eingelegtes Zicklein, im Ofen mit
Gemüse geschmort

Beilagen

MOJO ROJO
Scharfe Sauce aus Chilischoten, Öl,
Knoblauch, Essig und Salz

MOJO VERDE
Mildere Sauce mit frischem Koriander

PAPAS ARRUGADAS
„Runzelkartoffeln", werden mit mojo
rojo und/oder mojo verde serviert

GOFIO ESCALDADO
Geröstetes Getreidemehl, mit
Fischbrühe zu Brei angedickt

Desserts

BIENMESABE
Goldbraunes Mus aus Honig,
Mandelsplittern, Eigelb und Zitrone,
übersetzt: „schmeckt mir gut"

QUESADILLA CASERA
Hausgemachter Käsekuchen, meist aus
feinem Ziegenkäse, unterlegt mit
Rosinen und mit Zimt und Anislikör
verfeinert

TORTA DE ALMENDRAS
Mandeltorte, gewürzt mit Zimt,
geriebener Zitronen- und
Orangenschale

SHOPPEN & STÖBERN

Ob Räucherkäse oder Palmsirup, archaische Keramik oder Lederschuhe nach Maß: Naturprodukte und Selbstgefertigtes sind in. La Gomera hat sich in vielen Dingen das rechte Maß bewahren können. Das gilt auch für das Einkaufen: Zwar hat sich in den letzten Jahren so mancher Tante-Emma-Laden zu einem kleinen Supermarkt *(supermercado)* gemausert. Doch immer noch überwiegt eine angenehme, persönliche Atmosphäre in den Geschäften.

FRISCH VOM ERZEUGER

Spaß macht ein Besuch der *Markthalle* (s. S. 47) von San Sebastián, wo vor allem Einheimisches angeboten wird: exotisches Obst und Gemüse, Ziegenkäse von frisch bis steinhart, gern auch im Glas als Aufstrich *(almogrote)*. Selbstverständlich gibt es auch ⚑ Palmensirup *(sirope de palma)*, der auswendig aus dem Saft von Palmen gewonnen wird: Ein paar Tropfen der dunklen, zähen Flüssigkeit z. B auf Käsekuchen verleihen diesem einen ganz besonderen Pfiff! Und es gibt Marmeladen und Honig, Wein und Kräuterschnaps, Eingemachtes und Angemachtes …

INSIDER-TIPP
Veredelt jedes Dessert

TREFF BEIM KUNSTHANDWERK

Nicht nur Kulinarisches, auch Kunsthandwerkliches von der Insel kommt an. Jeden Sonntag findet im Valle Gran Rey hinter dem Busbahnhof, der Estación de Guaguas, ein *Mercadillo* (s. S. 56) statt. Hier bieten Alt- und Neo-Hippies viel Fantasievolles feil – von Schmuck bis zur Klamotte.
Und auch El Hierro hat seinen sonntäglichen Trödelmarkt: In Tigaday decken sich Einheimische und Zugereiste mit allem Notwendigen und

Überflüssigen ein (So 9–14 Uhr). Herrlicher Bummel.

GUTER TON

Lehm war in La Gomeras Hochland ausreichend vorhanden, und Holz zum Feuermachen war es auch. Deshalb haben schon die Ureinwohner die Rohstoffe genutzt, um daraus unverwüstliche Keramik herzustellen. ⚱ Die Töpferinnen von El Cercado tun es ihnen nach: In ihren Werkstätten stellen sie mit bloßer Hand – ohne Töpferscheibe – archaische Tongefäße her. Gern lassen sie sich dabei über die Schultern schauen und beraten ihre Kunden. Da die Inselregierung den Verkauf der Keramik fördert, sind die Töpferinnen zu einer Art Markenzeichen von La Gomera geworden.

VOM LEDER ZIEHEN

In der Lederwerkstatt im Valle Gran Rey *(Taller de Artesanía la Zapatería)* werden zu günstigen Preisen Schuhe nach Maß gefertigt. Wenn bei dir ein Fuß größer als der andere ist, wird dies berücksichtigt! Art und Farbe des Leders und die Form bestimmt der Kunde. Passend dazu werden Gürtel und schöne Lederhandtaschen angeboten.

KLANGSOUVENIRS

Nimm dir ein musisches Stück La Gomera mit. Es ist erstaunlich, wie viele Musiker es auf den beiden kleinen Inseln gibt! Wahrscheinlich liegt es an den vielen Fiestas, bei denen die *timple*, ein kleines Saiteninstrument, der *tambor,* eine mit Ziegenhaut bespannte Trommel, sowie die *chácaras,* kleinere und größere Kastagnetten, zum Einsatz kommen. In jedem Souvenirladen findest du Folk-CDs lokaler Bands, z. B. von Los Parranderos de Hermigua auf La Gomera und Juanma Benítez auf El Hierro.

SPORT

Wandern ist die bevorzugte Sportart auf den beiden ursprünglichen Inseln. So klein sie sind, so vielfältig ist ihr Wegenetz. Ausgedehnte Mehrtagestouren lassen sich auf La Gomera und El Hierro ebenso durchführen wie spontane Kurztrips. Was Wasser angeht, so ist El Hierro der Top-Spot der Kanaren!

WANDERN

La Gomera ist ein Eldorado für Wanderer. Das Top-Revier ist der Nationalpark Garajonay. Dort sind die Schönheiten des uralten, verwunschen anmutenden ⚑ Lorbeerwalds am besten zu erleben. Doch Vorsicht! Der modrige Geruch von feuchter Humuserde, das plötzliche Aufheulen von Windböen in der ansonsten stillen, einsamen Waldlandschaft und das in gespenstische Nebel getauchte, bizarre Geäst der mächtigen Baumkronen können einen das Gruseln lehren. Nicht umsonst vermuten die Einheimischen an Orten wie der Laguna Grande die Versammlungsplätze der Hexen … Doch auch der Norden rund um Vallehermoso, das Valle Gran Rey und selbst der karge Süden bieten abwechslungsreiche Routen. Beliebt sind geführte Touren, bei denen du dich weder um Transfer kümmern musst noch darum, die Wege zu finden. Kompetente Anbieter sind Brigitte und Volker von *Montemar* im Valle Gran Rey, die stets nur in Kleingruppe wandern (s. S. 60). Solltest du Wanderschuhe oder –stöcke vergessen haben – kein Problem! In ihrem Outdoorshop kannst du die nötige Ausrüstung leihen oder kaufen.

Auch auf El Hierro ist das Wandern spektakulär: Von schwarzen Lavafeldern über sattgrünes Weideland bis hin zum Regenwald durchläufst du viele Landschaften. Krönung aller Touren ist der 27 km lange GR-131 *(Cami-*

no de la Virgen), der von der Westseite der Insel über den 1501 m hohen Malpaso bis nach Valverde und weiter bergab zum Puerto de la Estaca führt. Landschaftlich abwechslungsreich und mit einer tollen Aussicht auf El Golfo ist der Aufstieg von Sabinosa im Südwesten zur Ermita de los Reyes im Zentrum El Hierros. Wer auf El Hierro geführt wandern will, kommt nicht an Ralf Hoffmeister vorbei: Er ist der Wanderprofi, der auch viel über Pflanzen am Weg zu erzählen weiß (s. S. 103).

TAUCHEN

Das Tauchrevier um El Hierro gilt als das beste der Kanaren. Vulkanische Ausbrüche haben auch unter Wasser eine Welt aus bizarren Felsformationen, steilen Abbrüchen und geheimnisvollen Höhlen entstehen lassen. Beim Ausbruch des Eldiscreto vor La Restinga im Jahr 2011 hat sich das Bild lediglich für kurze Zeit gewandelt.

Die Ablagerungen der Eruption haben den Meeresboden und die Flora bedeckt. Durch die nah an die Küste geschwemmte Lava wurden Meerestiere aus der Tiefsee hierher gelockt, die es normalerweise nicht bis an den Küstenstreifen schaffen. Inzwischen ist die Meeresfauna zum Zustand vor Ausbruch des Unterwasservulkans zurückgekehrt. Wissenschaftler meinen, sie sei sogar noch reicher als vorher! Deutschsprachige Leitung gibt es am Top-Spot La Restinga bei *Fan Diving El Hierro,* wo der Österreicher Günter und die Deutsche Jutta seit zwanzig Jahren „Platzhirsche" sind und jeden Fisch kennen *(El Varadero 4 | oberhalb des Kai Marino | Tel. 9 22 55 70 85 | el-hierro-tauchen.de).* Gleichfalls kompetent ist die Crew von *Extra Divers El Hierro (Av. Marítima 2 | Tel. 9 22 55 70 86 od. 6 28 84 93 50 | extra divers-elhierro.com)* und *Arrecifal Centro de Buceo (C/ La Orchilla 30 | Tel.*

El Cedro: Immer eine Tour wert, ob per Rad oder zu Fuß

9 22 55 71 71 | arrecifal.com). Eine Besonderheit ist Apnoe-Tauchen ohne Sauerstoffflasche: Freitauchen bietet gleichfalls in La Restinga Karsten Mohr an *(Tel. 646 61 20 07 | free diving-el-hierro.com)*.

Auf La Gomera bietet die Südküste eine faszinierende Unterwasserwelt mit Felsdurchbrüchen, Höhlen und schroffen Abgründen. Im *Hotel Tecina* in Playa de Santiago sowie in San Sebastián haben sich professionelle Tauchschulen niedergelassen wie z. B. *Dive-Art* (s. S. 48). Ein Boots- und Landtauchgang kostet 40 Euro, ein Schnuppertauchgang ab 69 Euro. Darüber hinaus gibt es viele Kursangebote.

RADFAHREN

Die schönsten Radgebiete auf La Gomera sind neben dem Valle Gran Rey der Nationalpark Garajonay und die Nordküste mit den Orten Vallehermo-so, Agulo und Hermigua; im Regenwald El Cedro gibt es anspruchsvolle Pisten. Anlass genug also für ambitionierte Straßenradler und Mountainbiker, auf der Insel kräftig in die Pedale zu treten. Die *Bike Station Gomera* (s. S. 58) im Valle Gran Rey verleiht neben hochwertigen Mountainbikes auch Cityräder für kleinere Ausflüge: Mountainbike ab 18 Euro/Tag bzw. 91 Euro/Woche, geführte Touren ab 45 Euro. Auch *Bikers Inn (C/ San Miguel | Vueltas | Tel. 9 22 80 51 42 | bikers-inn.eu)* bietet unter kompetenter deutscher Leitung geführte Radtouren an und verleiht Bikes: Mountainbike ab 15 Euro/Tag, geführte Touren (Guide plus Transfer) je nach Destination ab 40 Euro zuzüglich Mietkosten für das Bike (15–19 Euro).

KAJAK & SUP

Zu den schönsten Naturerlebnissen zählt der Kajakausflug an der Süd-

einer Angelerlaubnis ist dir das Touristenbüro gern behilflich. Vorsicht ist an exponierten Plätzen geboten, denn auch bei scheinbar ruhiger See können unvermutet Riesenbrecher anlanden und Angler ins Meer spülen.

HÖHLEN ERKUNDEN

El Hierro ist durchlöchert wie ein Schweizer Käse – man muss nur wissen, wo. Offiziell eingetragener Höhlenführer und Gründer des *Vereins zum Schutz der Inselhöhlen* ist Michael Krämer *(Tel. 6 66 95 35 87 | hoehlenabenteuerel-hierro.com).* Er bietet professionelles Cave Trekking in Kleingruppe (2–4 Pers.) mit vielen Infos zu Vulkanismus und Geologie der Insel – spannende Geschichten über die Entstehung der Kanaren inklusive (auf Deutsch). Die Touren dauern 3 bis 4 Stunden, Ausrüstung wird gestellt.

INSIDER-TIPP
Folge dem Höhlenguide

westküste von La Gomera, Kajaks werden in Vallehermoso und im Valle Gran Rey verliehen. Im Einer- oder Zweierkajak passiert man nicht nur die imposanten Steilwände, sondern kann mit etwas Glück sogar Delphine und Wale über das Wasser gleiten sehen. Unterwegs wartet in einer einsamen Bucht eine aufregende Schnorchel- oder genussvolle Schwimmeinheit. Zum Schutz wird eine Schwimmweste gestellt. Und da das Wasser im Südwesten stiller als im Norden ist, kannst du dich hier auch aufs SUP-Brett stellen. *(Ymaguara | Vallehermoso | s. S. 68; Gomera Activa | Valle Gran Rey, s. S. 60).*

ANGELN

Die Gewässer an der Nordküste La Gomeras sind sehr fischreich und bieten geduldigen Anglern durchaus die Gelegenheit, einen ganz großen Fisch an Land zu ziehen. Bei der Beschaffung

GOLF

Der 18-Loch-Platz *Tecina Golf s. S. 51* bei Playa de Santiago ist hoch über dem Meer im *Jardín Tecina* eine Wucht! Mit stetem Fernblick übers Meer auf den Zuckerhut des Teide auf Teneriffa gilt er vielen Spielern als einer der schönsten der Welt.

PARAGLIDING

El Hierro aus der Vogelperspektive erleben? Die Insel ist für ihre guten Windverhältnisse bekannt: Einfach von der Abbruchkante des Golftals starten und schweben wie ein Vogel … z. B. mit *Fly El Hierro (s. S. 103).*

DIE REGIONEN
IM ÜBERBLICK

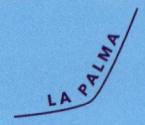
LA PALMA

Océano

Der Geheimtipp der Kanaren

El Golfo

VALVERDE

Sabinosa

La Frontera

EL HIERRO

EL HIERRO S. 78

La Restinga

Wild, grün, märchenhaft – die Urzeit lässt grüßen

Vallehermoso

Agulo

DER NORDEN S. 64

LA GOMERA

Valle Gran Rey

SAN SEBASTIÁN DE LA GOMERA

DER SÜDEN S. 40

Von der Hauptstadt ins Tal des Königs

Playa de Santiago

TENERIFE

Atlántico

20 km
12.43 mi

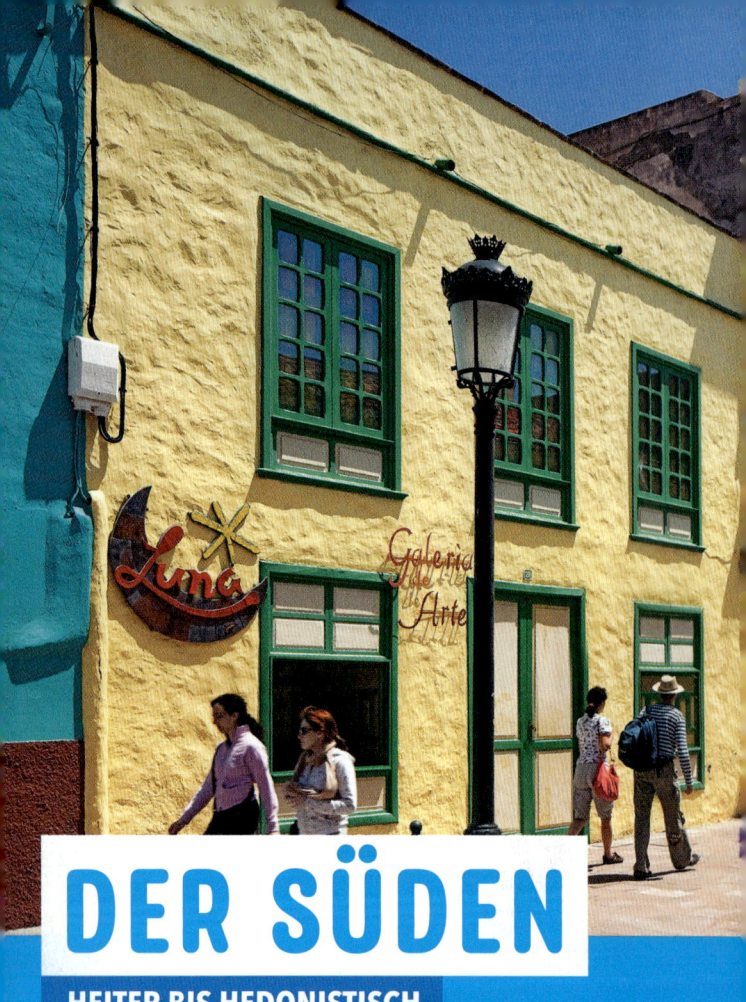

DER SÜDEN

HEITER BIS HEDONISTISCH

Durch die Hauptstadt San Sebastián de la Gomera kommt fast jeder Inselbesucher – ihr Fährhafen ist noch immer Anlaufpunkt Nummer eins.

Die kleine Stadt – einziger zugänglicher Ort an einer schroffen Steilküste mit unwegsamen Schluchten – strahlt den liebenswerten Charme der Provinz aus. Von hier aus erreichst du den Süden der Insel über die Carretera del Sur (GM-3). Auf den regenarmen, tabakbraunen Hängen erzählen nur noch verwitterte Getreideterrassen

San Sebastián, Calle Real

davon, dass hier einst Landwirtschaft betrieben wurde. Ganz anders das Valle Gran Rey, das „Tal des Großen Königs" im Südwesten. Sprudelnde Quellen sorgen dafür, dass auf den steilen Bergterrassen Palmen und Obstbäume wachsen. Bananenpflanzungen und Gemüsefelder setzen weitere grüne Akzente.

Das Tal mündet in einem so mächtigen Delta ins Meer, dass hier mehrere Ortschaften entstanden – und Strände! Nur zu verständlich, dass die meisten Gomera-Urlauber das „Valle" ansteuern.

DER SÜDEN

ESPAÑA
(CANARIAS)

GM1

Ermita de Santo ★

9 Arure

10 Las Hayas

Chipude
12

GM2

8

Mirador de Palmarejo

11 El Cercado ★

GM1

Playa del Inglés ★

La Calera

13 Fortaleza

La Playa

6 Imada

Valle Gran Rey ★ S. 53

GM3

Drago de Agalán

7

5

Alajeró

31 km, 45 Min.

Océano

Atlántico

30 km, 1¼ Std.

MARCO POLO HIGHLIGHTS

★ JARDÍN TECINA
Badelandschaften und ein toller Blick von der Klippe überm Meer in Playa de Santiago ➤ S. 50

★ DRAGO DE AGALÁN
Uralter Drachenbaum in einem lieblichen Tal oberhalb von Alajeró ➤ S. 53

★ VALLE GRAN REY
Das „Tal des Großen Königs" – der Name verspricht üppige Vegetation auf wunderbaren Terrassen … ➤ S. 53

★ SAN SEBASTIÁN DE LA GOMERA
Kleine Hauptstadt mit viel Flair auf Plazas und Promenaden ➤ S. 44

○ Hermigua

3 Mirador Degollada de Peraza

GM1

2 Barranco de Las Lajas

4 Mirador de
Roque Agando

38 km, 1 Std.

GM2

San Sebastián de la Gomera ★
S. 44

GM3

1 Playa
de Avalos

Playa de la
Cueva

Jardín Tecina ★

33 km, 45 Min.

Playa de Santiago

**Playa de
Santiago**
S. 50

▲
2 km
1.24 mi

★ **PLAYA DEL INGLÉS**
Vor der Wanderung am schwarzen
Lavastrand vor roten Klippen faulenzt es
sich hervorragend ➤ S. 60

★ **EL CERCADO**
Im Töpferdorf stirbt die Tradition nicht aus
➤ S. 62

★ **ERMITA DE SANTO**
Die Aussichtsplattform dieser Felskapelle
bietet dir einen umwerfenden Tiefblick.
Hier liegt dir die schroffe Westküste mit
ihrer wilden Gebirgskulisse zu Füßen
➤ S. 62

SAN SEBASTIÁN

(⊞ R5) **Mit gerade mal 9000 Einwohner ist ⭐ San Sebastián de la Gomera nicht gerade das, was man sich unter einer „Hauptstadt" vorstellt. Doch gerade das Überschaubare macht den Reiz des Ortes aus: Die Wege sind kurz, und jeder kennt jeden – selbst Besucher fühlen sich nach kurzer Zeit in den Gomera-Alltag integriert.**

Alles Schöne und Wichtige liegt nahe dem Fähr- und Yachthafen: das alte *Zollhaus,* das älteste Bauwerk der Stadt (15. Jh.), der *Grafenturm,* das *Rathaus* in kanarischem Stil und das *Kolumbushaus.* In Sichtweite bestimmen zwei zentrale Plätze das Stadtbild: die palmenbestandene *Plaza de las Américas* und die *Plaza de la Constitución* mit ihren wuchtigen indischen Lorbeerbäumen. Bei einem Kaffee oder Fruchtsaft kannst du von beiden Plätzen aus das städtische Treiben verfolgen. Und auch ein Bummel über die beiden verkehrsberuhigten Hauptstraßen macht Spaß.

SIGHTSEEING

PARADOR NACIONAL CONDE DE LA GOMERA

Erbaut im kastillischen Herrenhausstil auf einem 70 m hohen Felsvorsprung, ist dies eines der schönsten Häuser der staatlichen Parador-Hotelkette. Aufgrund der gediegenen Atmosphäre und Einrichtung fühlst du dich in vergangene Epochen versetzt. Wunderschön ist der hoch über dem Hafen hängende Garten, in dem Drachenbäume neben Palmen wachsen. Nach einer Pause im Café läufst du zur Brüstung vor, von wo du San Sebastián aus der Vogelperspektive siehst: Fähren und Kreuzfahrtschiffe legen an, Yachten schlängeln sich aufs offene Meer. *La Lomada | Tel. 9 22 87 11 00 | parador.es | Café €, Restaurant €€€ | ab Stadtzentrum über den steil angelegten Treppenweg Camino de Puntallana (10 Min.) | ⊞ e4–5*

TORRE DEL CONDE ☂

Der Turm zeigt, wie bedroht sich die ersten spanischen Inselherrscher fühlten. Seine Mauern sind zwei Meter dick, statt Fenster hat er Schießscharten. 1447 wurde er auf Weisung des Eroberers Hernán de Peraza erbaut. Er hielt erst den Ureinwohnern, später auch den Piraten stand… Heute sind hier Landkarten der Insel ausgestellt. *Mo–Fr 10–18 Uhr | Eintritt 2,50 Euro | Parque de la Torre del Conde | ⊞ c5*

CASA DE ADUADA

Ohne den Brunnen in diesem Haus, dem *Pozo de la Aguada,* wäre Amerika nicht entdeckt worden! So sehen es jedenfalls Gomeras Ratsherren und ließen im stimmungsvollen Innenhof am Steinbrunnen eine entsprechende Tafel aufstellen. Just hier befüllte Christoph Kolumbus seine Fässer mit dem lebensnotwendigen Nass für die Fahrt ins große Unbekannte. In dem historischen Bau, einem der ältesten der Insel (15. Jh.), berichten Schaubilder von Kolumbus' Atlantikfahrten

Wer im Hotel Parador logiert, atmet Grandezza alten Stils

und davon, was das Haus sonst noch war: Grafenresidenz, Zollstation und Gefängnis. *Mo–Fr 10–18 Uhr | Eintritt 2,50 Euro | C/ Real 4 | ▥ d4*

GALERÍA DE ARTE LUNA

Auch hier ist die Insel Thema: Im auffällig gestrichenen Haus zeigt Wahlgomero Guido Kolitscher seine Werke und die seiner Künstlerfreunde. Die sehenswerten Acrylbilder und Farbradierungen zeigen dramatische Berge, Barrancos und Steilküsten. *Mo–Fr 10–13 u. 15.30–20 Uhr | Eintritt frei | C/ Real 28 | ▥ d4*

CASA BENCOMO

Das herrschaftliche Haus beherbergt die Touristeninfo sowie ein *Museo de Piedras*, ein „Museum der Steine". Dieses erzählt davon, wie die Insel entstand und von den Kräften der Erosion in Millionen Jahren geschliffen wurde. Im Patio zeigen Bildhauer ihre Werke. *Mo–Sa 9–13.30 u. 15.30–18, So 10–13 Uhr | Eintritt frei | C/ Real 32 | ⏱ 15 Min. | ▥ d4*

IGLESIA NUESTRA SEÑORA DE LA ASUNCIÓN ☂

Von außen abweisend, innen dank kunstvoller Holzdecken fast gemütlich: Die Pfarrkirche, benannt nach der gleichnamigen Schutzheiligen, ist La Gomeras wichtigster Sakralbau. Ursprünglich wurde die einschiffige gotische Kapelle 1450 durch den Inselgrafen Hernán de Peraza den Älteren erbaut. Mehrmals brannte sie ab und fiel Piratenangriffen zum Opfer. Nach 1618 wurde sie durch eine dreischiffige Kirche mit barocker Fassade ersetzt

und im 18. Jh. erweitert. Der spätbarocke Hochaltar und die Christusfigur stammen vom kanarischen Künstler Luján Pérez (1756–1815). Das linke Kirchenportal, die *Puerta del Perdón*, erinnert an die grausame List der Gattin des Inselgrafen, Beatriz de Bobadilla. Den an der Ermordung ihres Manns Beteiligten sollte 1488 verziehen werden, wenn sie das „Portal der Vergebung" durchschritten. Die gutgläubigen Einheimischen wurden jedoch erbarmungslos hingerichtet. *C/ Real 32* | ⏱ *15 Min.* | ▥ *d3-4*

MUSEO ARQUEOLÓGICO DE LA GOMERA

Wer waren die Ureinwohner? Woher kamen sie und wie haben sie gelebt? Das Museum versucht, diese Fragen anhand archäologischer Funde zu be-antworten. *Di–Fr 10–18, im Sommer bis 19, Sa/So 10–14 Uhr* | *Eintritt 2,50 Euro* | *C/ Torres Padilla 8* | ⏱ *30 Min.* | ▥ *d4*

CASA DE COLÓN 🌂

In diesem Haus soll Christoph Kolumbus übernachtet haben. Heute sind Modelle bzw. Miniaturen seiner Schiffe ausgestellt, dazu Karten, die veranschaulichen, wie sich die Weltkenntnis der Europäer im Lauf der Zeit veränderte. Außerdem sind Keramiken und Kunsthandwerk der Insel ausgestellt. *Mo–Fr 10–18 Uhr* | *Eintritt 2,50 Euro* | *C/ Real 56* | ⏱ *15 Min.* | ▥ *c–d3*

ERMITA SAN SEBASTIÁN

Hier wurden die Ureinwohner (zwangs)getauft: Die nach dem Schutzpatron der Stadt benannte Kapelle aus dem Jahr 1424 ist das älteste christliche Bauwerk auf der Insel. Sie wurde im Lauf der Jahrhunderte mehrmals zerstört und 1994 aufwendig restauriert. *Unregelmäßig geöffnet | C/ Real 62 | ▥ c3*

ESSEN & TRINKEN

LAS CARABELAS

Die Bar ist legendärer Treffpunkt in der Inselhauptstadt. Der große, halbrunde Glaspavillon unter riesigen Bäumen öffnet früh. *Tgl. 8–23 Uhr | Plaza de la Constitución 132 | Tel. 9 22 87 07 00 | € | ▥ d4*

BREÑUSCA

Hier wurden alle Generationen von Gomera-Besuchern verköstigt: Das kleine Terrassenlokal in der Fußgängerstraße bietet deftige Fleischgerichte, dazu süffigen Rotwein aus der eigenen Bodega. *Tgl. 9–24 Uhr | C/ Real 11 | Tel. 9 22 87 09 20 | €€ | ▥ d4*

AGAPE BISTRO

Mit Fondue und gutem Wein setzen die Nachfolger des Forastera in ihrem winzigen Lokal auf ein eher betuchtes Publikum. *Tgl. ab 11 Uhr | C/ Real 15 | Tel. 6 36 77 12 18 | €€€ | ▥ d4*

SHOPPEN

GUARAPO

Guarapo, den namensgebenden Palmensirup, und weitere souvenirtaugliche Kulinaria findest du in diesem Laden, z. B. vakuumverpackten Ziegenkäse und exotische Marmeladen. *C/ Ruiz de Padrón 3 | ▥ d5*

DULCERÍA MENDOZA

Die alte Bäckerei gleich neben Guarapo bietet nicht nur frisches Brot und inseltypische Süßwaren, sondern auch *mojo* und Marmeladen von der Insel zum Verkauf. *C/ Ruiz de Padrón 6 | ▥ d5*

ARTESANÍA SANTA ANA

Die Kapelle Santa Ana aus dem Jahr 1535 beherbergt heute einen Kunsthandwerkerladen. Neben den traditionellen Handarbeiten der Insel (Decken mit Lochstickerei, Taschen, Figuren aus Bananen- und Palmenblättern sowie Keramikartikel) werden Interessierten regionale Lebensmittel angeboten. *C/ Real 41 | gegenüber der Kirche Nuestra Señora de la Asunción | ▥ d4*

MERCADO

In der Markthalle gibt es Obst und Gemüse bis zum Abwinken, Fisch und Fleisch sowie *queso artesanal,* „handwerklich hergestellten" Käse aus den Bergdörfern. Die Ziegen werden mit bloßer Hand gemolken, auf dass die Tiere stressfrei Milch abgeben und ihr Käse schmeckt. Besonders würzig: im Rauch einheimischer Trockenpflanzen gereifter Käse der Quesería La Empleita. *Mo–Sa 8–14 Uhr | Av. de Colón/ Av. del Quinto Centenario s/n | ▥ c4*

INSIDER-TIPP
Back to the Roots

SPORT & SPASS

TAUCHEN

Da die besten Tauchreviere der Insel an der Ostküste liegen, hat sich das

Tauchzentrum von Valle Gran Rey in die Hauptstadt verlegt. *Dive-Art (Marina Deportivo | Paseo de Fred Olsen | Tel. 6 60 65 90 98 | dive-art.com | Tauchgang ab 35 Euro)* geht täglich gegen 10.30 Uhr auf Bootstour in die unterschiedlichsten Küstenreviere.

STRÄNDE

Vor der Plaza de las Américas öffnet sich die weite *Playa de San Sebastián*. Sie ist dunkel und von Kies durchsetzt, aber geschützt, sodass du problemlos ins Wasser steigen kannst. Gleichwohl wird sie wenig genutzt, die meisten zieht es zur 🥾 *Playa de la Cueva*: Sie liegt gegenüber der großen Mole und ist über einen Tunnel erreichbar. In einem weiten Halbrund duckt sie sich

unter der Parador-Klippe, schön gestaltete Wellenbrecher schützen sie vor der Brandung. Sagenhaft ist von hier der Blick auf Teneriffa, wo der Kegel des Teide, im Winter mit „Zuckerhut", zwischen Himmel und Meer zu schweben scheint.

INSIDER-TIPP
Strandurlaub mit Teide-Blick

AUSGEHEN & FEIERN

EL AMBIGÚ
Bistro mit gemütlicher Atmosphäre und kleinen Gerichten wie Tapas, leckeren Sandwiches, frisch gepressten Säften. Beliebt ist die chillige Terrasse auf San Sebastiáns Hauptplatz. *So geschl. | Plaza de las Américas 8 | 🗺 d5*

Im Barranco de las Lajas wanderst du fast ganz für dich allein

CUBA LIBRE

In dem von Kubanern geführten Terrassenlokal sitzt du draußen unter schattigen Palmen mit Blick auf die historischen Gebäude am Rathausplatz und genießt tropische Fruchtsäfte, Milchshakes oder kubanische Cocktails. Treffpunkt aller Deutschgomerianer in der Hauptstadt zum Austausch der neuesten Inselgeschichten. *Tgl. | Plaza de las Américas 18 | ▥ d5*

RUND UM SAN SEBASTIÁN

◉ PLAYA DE AVALOS

6 km/10 Min. nordöstl. von San Sebastián mit dem Auto über die Calle Lomo del Clavo

Vorbei am Hotel Parador und den Betonruinen einer nie fertiggestellten Hotelanlage kommst du zur Nachbarschlucht. Hier präsentiert sich Gomeras Landschaft überraschend sanft: Zwischen gerundeten Bergflanken führt das mit Palmen bestandene Barrancobett zu einem von Kies durchsetzten Lavastrand. Er ist beidseitig von vorragenden Klippen gesäumt, sodass sich eine geschützte Bucht ausbildet. Hier kannst du gut ins transparente, türkis schimmernde Wasser steigen.

Du folgst der Straße noch einen knappen Kilometer weiter bis zu ihrem Ende: Wenn du von der Klippe nordwärts schaust, erkennst du in der Ferne eine weiße Kapelle. Die *Ermita Nuestra Señora de Guadalupe* steht winzig klein und einsam in der Felswüste (die Piste dorthin ist zurzeit wegen Steinschlags gesperrt). Alle fünf Jahre, das nächste Mal 2023, wird die Madonnenfigur aus ihrem Gemäuer befreit, auf ein geschmücktes Boot verladen und nach San Sebastián verschifft. Dies ist der Auftakt zur Bajada de la Virgen de Guadalupe, der größten Fiesta der Insel. ▥ R4

◪ BARRANCO DE LAS LAJAS

9 km /12 Min. nordwestl. von San Sebastián mit dem Auto über die Barranco-Straße bis zum Ort La Laja

Das enge, grüne Tal oberhalb des *Barranco de la Villa* bildet mit seinen palmenumstandenen Stauseen und den vielen Orangen- und Avocadobäumen ein Naturparadies. Die kurvige Straße endet beim idyllisch gelegenen Bergdorf *La Laja* am Fuß des *Roque Ojila*. Dieses liegt knapp unterhalb eines herrlichen Wanderwegs zum Pass Degollada de la Peraza. ▥ P–Q4

◫ MIRADOR DEGOLLADA DE PERAZA

13 km/10 Min. westl. von San Sebastián mit dem Auto über die GM-2

Der auf 950 m Höhe gelegene Mirador bietet Richtung Norden eine wunderbare Aussicht über den Barranco de la Villa auf die Gebirgslandschaft des Enchereda. Der Name des Miradors erinnert an die Ermordung des Grafen Hernán de Peraza des Jüngeren. Im Jahr 1488 rächten die Altkanarier seine Liebesaffäre mit einer Guanchenprinzessin, indem sie ihn hinterrücks erdolchten. 📖 Q5

4 MIRADOR DE ROQUE AGANDO

17 km/15 Min. westl. von San Sebastián mit dem Auto über die GM-2

Der *Mirador de Roque Agando* liegt auf ca. 1000 m Höhe beim Felsen *Roque Agando* (1250 m), dem Wahrzeichen der Insel. Der nackte, mächtige Basaltfelsen in Form eines Zuckerhuts bildet zusammen mit den nahe beieinander liegenden Felsmonolithen *Roque Zarzita* (1234 m) und *Roque Ojila* (1170 m) eine majestätisch in den Himmel ragende Felslandschaft.

Ein Bronzedenkmal neben dem Roque Agando erinnert an die Brandkatastrophe in den 80er-Jahren, bei der 20 Personen an dieser Stelle von den Flammen überrascht wurden. Etwas weiter westlich lassen sich von einem weiteren Aussichtspunkt, dem *Mirador de los Roques,* die sagenhaften Wolkenwasserfälle beobachten, wenn die Passatwolken als breiter Strom die Berghänge hinunter ins Tal fließen. 📖 P5

PLAYA DE SANTIAGO

(📖 P7) **Der sonnenverwöhnte Küstenort Playa de Santiago mit knapp 2000 Einwohnern besteht aus mehreren Ortsteilen:** der *Playa* am Hafen, dem alten Ortsteil *Laguna* inmitten von Blumengärten und Bananenfeldern, dem Weiler *Las Trincheras* oberhalb des Hafens sowie *Tecina* am gegenüberliegenden Hang.

Playa ist der Mittelpunkt des Städtchens. Hier sitzt man gemütlich an der Strandpromenade, an der *Plaza Nuestra Señora del Carmen* oder am kleinen Hafen und genießt die Aussicht und den frischen Fisch. Kurios ist eine winzige, in eine Höhle eingebaute Kapelle auf dem Weg Richtung Hafen. Wie nicht anders zu erwarten, wird hier Carmen, die Schutzheilige der Fischer und Seeleute geehrt.

Wichtigste Sehenswürdigkeit des Ortes ist die für Besucher geöffnete Hotelanlage ⭐ *Jardín Tecina,* die hoch auf der Klippe über dem Atlantik thront. Der Ausblick ist fantastisch. Die weißen, im kanarischen Stil erbauten Häuser liegen in einer exotischen Gartenlandschaft, und unten am Meer machst du es dir gemütlich im Open-Air-Lokal oder Höhlenrestaurant.

ESSEN & TRINKEN

LA CHALANA

Die urige Strandbar zwischen Playa und Laguna erinnert an alte Zeiten: Man sitzt nah am Wasser unterm Segeldach, und das Wellenrauschen macht die Musik. Stimmungsvoll. Teresa serviert Tapas, Salat und Fisch, am Abend gibt es außerdem Cocktails wie Mojito und Daiquirí. *Tgl. ab 10 Uhr | Av. del Almirante Colón | Playa | Facebook | €–€€*

JUNONIA

Draußen und drinnen zeitgemäß rustikal, dazu eine flotte Bedienung. Bei schönem Hafen- und Meerblick sind vor allem die frischen Fischgerichte in aller Munde. Chefkoch Fran Mora, der sein Handwerk während langer Auslandsaufenthalte erlernt hat, ist von der japanischen Küche fasziniert. Aber er stellt auch Pasta nach italienischem Rezept her. Die Karte wechselt wöchentlich, je nachdem, was ihm die Fischer oder Bauern so bringen. Sein Lieblingsgericht? Tartar von der Bernsteinmakrele *(medregal)* mit geröstetem Sesam, Wakame-Algen und einem Tick Koriander-Aioli. *Mittags u. Di geschl. | Av. Marítima 58 | Tel. 9 22 89 57 61 | Facebook | €€*

INSIDER-TIPP
Fisch mit Pfiff & Kniff

LA CUEVITA

Dieses Restaurant ist in eine Naturhöhle gebaut! In rustikalem Stil, direkt am Hafen gelegen. Das etwas höhere Preisniveau entspricht dem besonderen Ambiente. Spezialität des Hauses: *vieja*, ein schmackhafter Papageienfisch. *So geschl. | am Ende der Av. Marítima | Tel. 9 22 89 55 68 | €€€*

SPORT & SPASS

TECINA GOLF

Einer der schönsten Golfplätze – nicht nur der Kanarischen Inseln: eine grüne Oase inmitten der kargen Berglandschaft des Südens mit Blick übers Meer bis zum Zuckerhut des Teide auf Teneriffa. Der von dem Golfarchitek-

Das Meer fest im Blick: Jardín Tecina in Playa de Santiago

ten Donald Steel entworfene Par-71-Kurs liegt exponiert auf einem Hang über den Klippen. Einzigartig ist die Bepflanzung mit vielen einheimischen und exotischen Gewächsen. Das gemütliche Clubhaus-Restaurant *(€€)* steht allen Besuchern offen. *Tel. 9 22 14 59 50 | tecinagolf.com*

WANDERN

Der Veranstalter *Timah (Jardín Tecina | Tel. 9 22 80 0 37 | timah.net)* bietet ab dem Hotel Jardín Tecina mehrmals wöchentlich organisierte Touren an – von Genusswandern bis Steilaufstieg.

Am Drago de Agalán werden vielleicht Wunder für dich wahr

INSIDER-TIPP

Pflanzen erwandern

Besonders schön ist die botanische Tour auf den höchsten Gipfel, und hinab in den Regen- und Märchenwald. Unterwegs erklärt dir der Guide den Zusammenhang von Passatwolken, Lorbeerbäumen, Moosen und Flechten.

STRÄNDE

Baden ist in Santiago nur an Kiesstränden möglich. Hierzu bieten sich der lange dunkle Strand ✈ *Playa de Santiago* im Ortsteil Playa an. Weitere Sand-Kies-Strände liegen weiter im Osten und sind nur zu Fuß erreichbar: *Playa de Tapahuga*, *Playa del Medio* und *Playa de Chinguarime*.

RUND UM PLAYA DE SANTIAGO

5 ALAJERÓ

10 km/13 Min. nordwestl. von Playa de Santiago mit dem Auto über die GM-3

Du musst die Hauptstraße Richtung „Casco de Alajeró" verlassen, um ins Zentrum des verschlafenen Gemeindeorts (800 Ew.) zu gelangen. Hier findest du das Rathaus mit dem Sitz der Gemeindeverwaltung und die Pfarrkirche *El Salvador* mit ihrem steinverkleideten Glockenturm. Zu ihren Schätzen gehören ein Kruzifix aus dem 16. Jh. sowie ein Bild des namensgebenden Erlösers (El Salvador) aus dem 18. Jh. Vom nahe gelegenen *Roque Calvario* (807 m) eröffnet sich nach knapp 15 Minuten Fußweg ein wunderbarer Ausblick auf die Südküste und auf El Hierro. 📖 *06*

6 IMADA

14 km/20 Min. nordwestl. von Playa de Santiago mit dem Auto über die GM-3, dann eine enge Passstraße

Hinter dem Ort Alajeró lohnt ein Abstecher zu dem idyllisch gelegenen Örtchen am Fuß des *Roque de Imada* (1083 m). Angesiedelt in einem eindrucksvollen Bergmassiv, liegt Imada verschlafen im palmenreichen Tal des *Barranco de Guarimiar*. Den schönsten Blick auf den Ort hast du am Ende der Straße, im oberen Teil des Tals. 📖 *05*

7 DRAGO DE AGALÁN ★

12,5 km/15 Min. nordwestl. von Playa de Santiago mit dem Auto über die GM-3, dann 1 Std. wandern

Am Aussichtsplateau 200 m nördlich der Kreuzung Cruce de Imada startet der mit Steinen gepflasterte Weg zum Drago, dem mythenumrankten Exemplar eines Drachenbaums. Majestätisch steht er mit seiner ausladenden Krone zwischen Palmen und Mandelbäumen in einem einsamen Tal. Der Drachenbaum wurde aufgrund seiner eindrucksvollen Gestalt und seines hohen Alters von den Altkanariern als heilig verehrt. Sie schrieben seinem tiefroten harzigen Saft eine heilende Wirkung zu. Wer den einstündigen Weg scheut, kann von einer Plattform auf halber Strecke einen Blick auf den jahrhundertealten Baum werfen. 📖 *06*

VALLE GRAN REY

(📖 M5) **Vom zentralen Hochland kommend, solltest du nach dem ersten Tunnel beim Mirador de Palmarejo einen Stopp einlegen und erst einmal von oben den fantastischen Blick ins berühmte ★ Valle Gran Rey (3500 Ew.) genießen.**

Tief unter dir liegt ein traumhaftes, grünes Tal voller Palmenhaine, das eingerahmt wird von über 800 m hohen Steilwänden und sich bis hinunter zum blauen Meer erstreckt. Die Enge des Tals zwang die hiesigen Bewohner früh, in mühevoller Arbeit bis in schwindelnde Höhen an den Bergflanken unzählige 🚩 Terrassenfelder anzulegen. Im Lauf von Jahrhunderten entstand so eine Kulturlandschaft, die vergleichbar ist mit den terrassierten Reisfeldern Südostasiens.

Bei *Guada,* wo die Schlucht des *Barranco del Agua* ins Obertal mündet, tritt aus einem mächtigen Felsen eine der ergiebigsten Quellen der Insel. Sie versorgt die Felder das ganze Jahr über ausreichend mit Wasser und speist einen kleinen Wildbach, der im Talgrund romantisch durch einen dichten, mehrere Meter hohen Dschungel aus Bambusrohr plätschert. Wenn nach einem heftigen Regen die Wasserfälle von den Felswänden stürzen, schwillt der Bach zu einem reißenden Fluss an.

An die terrassierten Berghänge schmiegen sich die weißen Häuser kleiner Ortschaften. Sie liegen inmitten von Orangen-, Avocado- und Maulbeerbäumen, blühenden Gärten und Tausenden von Dattelpalmen. Den Abschluss des Valle Gran Rey bildet zum Meer hin ein weites Taldelta mit Bananenplantagen. Die im Delta verstreut liegenden Orte *La Calera, La Playa, La Puntilla* und das Hafenviertel *Vueltas* sind das touristische Zentrum der Insel.

SIGHTSEEING

LA CALERA

Am südlichen Ende des Taleinschnitts liegt oberhalb des Flussdeltas das malerische Örtchen (800 Ew.). Dicht an dicht drängen sich die weiß getünchten Häuser an einen steilen Berggrü-

In La Puntilla brummt das Leben im Valle Gran Rey

cken, hinter dem sich über 800 m die Steilwand von La Mérica hochtürmt. Den idyllischen Ort durchziehen verwinkelte Gassen sowie schmale Treppenwege, die mit Naturstein gepflastert sind. Herrlich ist die Aussicht von der dem Meer zugewandten Westseite auf die Bananenplantagen und den weiten Ozean. In den bunten Gärten zwischen den kleinen Häusern spenden Palmen Schatten, und zahllose Bougainvilleen sorgen für leuchtende Farbtupfer. Wer auf engem Raum mit den Einheimischen leben möchte und Ruhe sucht, der ist hier richtig. Am Fuß der Ortschaft befindet sich der Taxistand, und auch der Bus hält hier.

LA PLAYA

Von Calera führt eine Straße hinab an die Playa. Der kleine Ort (500 Ew.) an einer weiten Bucht mit dunklem Sandstrand ist in den letzten Jahren kräftig gewachsen. Kernstück ist die Gastromeile mit Blick aufs Meer und die Kapelle *Ermita San Pedro*. Nebenan am Strand vollzieht sich seit Jahrzehnten ein stimmungsvolles 📷 Trommelritual, dem du ganz umsonst beiwohnen kannst: Während Alt- und Neu-Hippies kraftvolle Rhythmen anschlagen, beklatscht das versammelte Publikum den Sonnenuntergang. Auch Feuerspiele gehören zum Programm – nun kann der Abend beginnen!

INSIDER-TIPP
Trommelfeuer zum Sonnenuntergang

LA PUNTILLA

Von La Playa gelangst du über die wenig befahrene Küstenstraße nach La Puntilla (300 Ew.). Bis vor wenigen Jahren gab es hier nur ein paar alte

Häuser, jetzt ist La Puntilla touristisch begehrt. Entlang der palmengesäumten Promenade entstanden Hotels, Apartmentanlagen und Restaurants. Vervollständigt wird das Angebot durch kleine Geschäfte, die Bikestation und Anbieter für geführte Wandertouren wie *Montemar* (s. S. 60) und *Timah* (s. S. 60). Auch der legendäre *Charco del Conde* (s. S. 61) befindet sich hier, im Szenejargon „Baby-Beach" genannt.

VUELTAS

Das quirlige Hafenviertel (600 Ew.) war lange Zeit der bevorzugte Ferienort der Szene – bis gesichtslose Apartmenthäuser und eine gigantische, millionenschwere Kaimauer entstanden – die EU hat's bezahlt. Die Erweiterung des Hafens ermöglicht Passagier- und Kreuzfahrtschiffen das Anlegen. Der markanten Veränderung zum Trotz leuchten nach wie vor die vielen bunten Fischerboote und Segelyachten am Fuß der 500 m aufragenden Steilwand in der Sonne, die Fischlokale und Nachtcafés erfreuen sich regen Zulaufs.

TROPISCHER FRUCHTGARTEN ARGAGA

Entlang der Steilwand am Hafen erreichst du über eine Piste (Steinschlaggefahr!) nach 1 km eine Bucht mit malerisch gelegener Finca. Nach links führt ein Weg in die *Schlucht von Argaga,* an deren rechter Flanke du nach 300 m zum ausgeschilderten tropischen Fruchtgarten gelangst. Die geschützte Lage der tief eingeschnittenen Schlucht und das subtropische

Klima erlauben hier den biologischen Anbau von mehr als 160 Obst- und Gemüsesorten – von Maracuja bis Papaya. Bei einer sachkundigen deutschsprachigen Führung erfährst du Interessantes über die Ökologie der Insel, dazu gibt's Kostproben der leckeren Früchte. *Di u. Fr 10–17 Uhr, Führung obligatorisch, letzte Führung 16 Uhr, ⏱ ca. 1,5 Std. | 10 Euro | fruchtgarten.com*

INSIDER-TIPP
Exotenführung

ESSEN & TRINKEN

ZUMERÍA CARLOS

INSIDER-TIPP
Was für ein Saftladen

Shakes aus sonnengereiften Avocados, Papaya-Orange- oder Mango-Smoothie? In Carlos' Bar gibt's nur Frisches und natürlich den legendären *Sandwich Americano. So geschl. | C/ Ell Caidero 18 | La Calera | €*

LA ISLITA

In ihrer Trattoria hinter der Promenade von La Playa bietet Signori Micchelini ambitionierte italienische Küche, auch viele Veggie-Optionen sind dabei. *Mittags u. So geschl. | C/ Playa del Inglés 12 | Edificio Normara | La Playa | Tel. 9 22 80 55 00 | Facebook | €€€*

EL BAIFO

Das etwas abgelegene Lokal ist dank frischer, gut gewürzter Speisen ein kulinarischer Gewinn. Der malayische Küchenchef Andy hat eine Fangemeinde, Reservierung ist von Vorteil. *Mittags u. Fr geschl. | Calle Normara 1 | La Playa | Tel. 9 22 80 57 75 | Facebook | €€€*

TAMBARA

Von der Terrasse bietet sich ein herrlicher Blick in den Sonnenuntergang über dem Meer, die rauschende Brandung stets im Ohr – und den Geschmack arabisch-mediterraner Gerichte im Gaumen. *Mo geschl., sonst ab 18 Uhr | Vueltas | €€*

TUYO

In dem exotisch inspirierten Hafenlokal bietet Tuyet aus Vietnam zusammen mit ihrem Partner Jorgos feine asiatische Küche, am liebsten aus Biozutaten. *Tgl., im Sommer geschl. | C/ Vueltas 5 | Vueltas | Tel. 9 22 80 52 99 | tuyo-lagomera.com | €€€*

EL PUERTO

In dem lebendigen blau-weiß maritim gestylten Hafenlokal herrscht typisch spanische Atmosphäre. Der fangfrische Fisch wird vom Gast an der Glastheke ausgesucht, dann *a la plancha,* d. h. auf heißer Metallplatte schonend gegart – so bleibt er schön saftig. Hervorragende, preiswerte Küche (auch ein günstiges Menü). *Tgl. | C/ Vueltas 1 | Vueltas | Tel. 9 22 80 52 24 | €–€€*

ESPERANTO LA GOMERA

Wenn die Klippen abends am Hafenstrand rot erglühen, laufen Bea und Rudi zu Höchstform auf:

INSIDER-TIPP
Internationaler Genuss

Vom spanischen Hühnchen bis zu indonesischen Lammbällchen servieren sie Leckeres aus aller Welt. *Tgl. ab 12 Uhr | C/ del Carmen 3 | Vueltas | Tel. 9 22 80 60 46 | restaurant-esperanto-lagomera.info | €€*

SHOPPEN

TALLER DE ARTESANÍA LA ZAPATERÍA

Wo gibt's noch so was? Ein Hexenhäuschen im Bananenhain, darin zwei Schuster, die Sandalen und Mokassins im Bohème-Stil, Ledergürtel und Taschen nach Maß anfertigen.

INSIDER-TIPP
Hippie, aber hopp

Das Leder suchst du selbst aus. Wer nicht warten will, findet eine Auswahl fertiger Modelle zum Direktkauf. *Av. La Calera 8 | La Calera*

MERCADILLO

Sie leben weit verstreut im Tal und auf der Insel: Biobauern und -winzer, Bäcker und Imker, Schnapsbrenner, Marmeladenmacher und Kunsthandwerker. Hier zwischen La Calera und Borbalán kommen sie zusammen. *So 9–14 Uhr | hinter dem Busbahnhof Estación de Guaguas*

FINCA ECOLÓGICA LOMO DEL RIEGO

Geht man vom Busbahnhof in La Calera in Richtung Borbalán, trifft man auf der linken Seite auf eine Gärtnerei, die Früchte und Gemüse aus ökologischem Anbau anbietet. *So geschl.*

EL FOTÓGRAFO

Seit 1985, als sein Bildband „Traum oder Wirklichkeit" erschien, ist Thomas Müller auf La Gomera als Fotograf in aller Munde. Und er hat einen großen, geschmackvoll eingerichteten Buch- und Fotoladen, der allein wegen der hochwertigen Gomeramotive (15 000 verschiedene Postkarten)

VALLE GRAN REY

Carretera Playa de Inglés

Artelier
El Baifo
Playa des Inglés ★
La Islita
El Fotógrafo
La Playa
Pianobar
La Playa

La Calera
Taller de Artesanía la Zapatería
Zumería Carlos
Mercadillo
Finca Ecológica Lomo del Riego

Avenida La Calera

Carret. General Valle Gran Rey

Avenida Marítima La Playa-La Puntilla

Calle Las Malezas

Carretera General Valle Gran Rey

Callejón de La Puntilla

La Puntilla

Calle Abisinia

Avenida Marítima Charco de Conde

Calle El Mantillo

Calle Garajonay

Avenida Calle El Llano

La Palomera

O c é a n o

A t l á n t i c o

Tropischer Fruchtgarten
Argage
Vueltas

Calle Las Vueltas

Tambara
Cacatua
Esperanto La Gomera
Tuyo
El Puerto

300 m
328 yd

---

einen Besuch wert ist. Außerdem gibt es hier Fotozubehör, Wanderführer, Musik-CDs und vieles mehr. *La Playa | an der Promenade*

ARTELIER

In einer Seitenstraße in La Playa stellt Wahlgomero Florian Schuster-Böckler seine hyperrrealistischen, von La Go-

meras Natur inspirierten Gemälde aus. Viele davon haben ein reisetaugliches Format. *C/ Normara s/n, Edificio Casanova 14 | La Playa | schus ter-boeckler.de*

CALLE ABISINIA ☂

In der Straße im alten Ortskern von Vueltas reiht sich ein Laden an den anderen. Hier gibt es vor allem alternative, teils esoterische Ware, darunter biologisch gefertigte Mode und Kunsthandwerk, aber auch Kulinarisches und CDs mit traditioneller kanarischer Musik. Schau doch mal bei *Marie* hinein, die Einzelstücke kleiner, origineller Modelabel, ausgefallenen Schmuck und Taschen anbietet. Nebenan verkauft Jesse in seinem Laden *Ansiria* frisches Vollkornbrot, Honig und Marmeladen, viele Kräuter und noch mehr Naturkosmetik und Textiles.

INSIDER-TIPP
Diva-Look oder Boheme?

SPORT & SPASS

KINDERSITTING 👥

Hie vergnügen sich die Kinder stunden- bzw.- tageweise mit Gleichaltrigen bei Spielen und in Bastelworkshops. Claudia Huckenbeck macht's möglich: *Kangorooh (Mo–Fr 8.30–16 Uhr | 6,50 Euro/Std. | C/ La Noria 5 | La Playa | Tel. 9 22 80 70 62 | kangorooh.com)*

RADFAHREN

Vom Valle Gran Rey per Rad zu einer Rundtour in die Berge zu starten ist wegen der vielen Höhenmeter eine sportliche Herausforderung. Da nimmt man gern den Shuttle-Service der *Bike Station Gomera (Av. Marítima 10 | La Puntilla | Tel. 9 22 80 50 82 | bike-station-gomera.com)* in Anspruch. Sie organisiert Touren downhill und offroad in alle Ecken der Insel. Und natürlich gibt es auch einen Radverleih – vom Beach-Cruiser bis zum

MTB. Ähnliche Angebote gibt es auch in La Playa und Vueltas.

SCHIFFSAUSFLÜGE 👥

Im Hafen von Vueltas starten Boote zu Delphin- und Waltouren (*Océano Gomera | Kosten 40 Euro | oceano-gomera.com | Tel. 9 22 89 57 17*). Es gibt auch Touren, die nicht mit Tierbeobachtung werben, sondern mit Spaß an Bord *Tina Exursiones (10.45 Uhr, außer Mo u. Sa | Kosten ab 35 Euro | Tel. 9 22 80 58 85 | excursiones-tina.com)*. Bei gutem Wetter wird in abgelegenen Buchten gebadet. An Bord ist das Mittagessen inklusive Sangría für die Erwachsenen im Preis inbegriffen. Beliebteste Anlaufstelle ist – nur bei ruhiger See (!) – die berühmte Felsformation *Los Órganos* an der Steilküste im Norden: Das faszinierende, über 80 m hohe Naturwunder aus Hunderten von freigewitterten Basaltsäulen, die wie die Pfeifen einer riesigen Orgel wirken, ragt aus den wilden Fluten.

SPRACHSCHULE I.D.E.A.

Die Sprachschule liegt versteckt in den verwinkelten Altstadtgassen von La Calera und bietet das ganze Jahr über Spanischkurse für Anfänger und Fortgeschrittene in kleinen Gruppen an. Bei Bedarf stellt die Schule auch Kontakt zu Einheimischen her, um die erworbenen Kenntnisse zu vertiefen. *Wochen-Intensivkurs 190 Euro | La Cuestita 9 | La Calera | Tel. 9 22 80 71 83 | idealanguageschool.com*

TANZEN

Nicht nur Livemusik genießt du in der *Piano Bar (s. S. 61)*. Nein, du darfst

Auf schmalen Wegen inmitten üppiger Natur zum El-Guro-Wasserfall

auch selber aktiv werden bei der *Tanzwerkstatt Gomera Lounge* (Schnupperstunde inkl. Flamenco-Schuhe 12 Euro, ein Wochentanzkurs ab 50 Euro | *Paseo de las Palmeras 9* | *La Playa* | *Tel. 9 22 80 51 95* | *gomeralounge.de/de/tanzwerkstatt*). Heiß her geht's in Romana Pelagattis Tanzwerkstatt: Klacken von Kastagnetten, Hände hoch und Hacken zusammen, ein Stakkato harter Absätze auf dem Boden! Rund ums Jahr kannst du dich einklinken, das Motto lautet: „Vorbeischauen und etwas lernen". Außer Flamenco sind auch Tango und Salsa im Angebot.

INSIDER-TIPP
Flamenco-Klasse

WANDERN
Im Tal findet man schöne Wege, die leicht zu erreichen sind und ohne Führung begangen werden können. Von der kleinen Kirche *Los Reyes* im unteren Tal wanderst du bequem über den herrlichen „Kirchenpfad" entlang der Talflanke bis zum Weiler *El Hornillo*. Auf der anderen Talseite führt bei *El Guro* und *Casa de la Seda* ein schmaler Pfad durch ein Flussbett in die tiefe Schlucht des „Wasserfallbarranco" bis zu einem großen Wasserfall.

Von *La Vizcaina* windet sich ein steiler Weg mit wunderbarem Blick auf das Tal durch die Steilwand hoch zum Bergdorf *El Cercado*. Auf dem gegenüberliegenden Bergrücken *La Mérica* kann man auf einem schönen Panoramaweg von *Arure* bis nach *La Calera* laufen. Eine Herausforderung für geübte Wanderer ist die alpine Route durch die Schlucht von *Argaga* hinauf zur Hochebene von *Gerián*.

Flipper im La-Gomera-Urlaub

Geführte Wandertouren mit Bustransfer (ca. 35–40 Euro) werden z. B. von Brigitte und Volker angeboten, den kompetenten Insel-Guides von *Montemar (Av. Marítima Charco del Conde 13 | Tel. 6 30 77 86 82 u. 6 30 49 04 92 | montemar-tours.de)*. Die leichten bis anspruchsvollen Touren in kleiner Gruppe (3–10 Pers.) führen in die schönsten Inselregionen und sind mit 30 Euro inkl. Transfer sehr günstig! Unterwegs gibt's Infos zu Flora, Fauna und Inselge-

schichte. Wie wär's mit einer Wanderung zu Wunderquellen und einem „bezaubernden See"? Der Outdoorshop der beiden befindet sich gegenüber dem Baby-Beach. Ein weiterer bewährter Anbieter ist *Timah (Av. Marítima 14 | La Puntilla | Tel. 9 22 80 70 37 | timah.net)*, der einen Teil des Profits dem Tierschutz spendet.

WASSERSPORT

Der Veranstalter *Gomera Activa (C/ Vueltas, Edificio Aremoga, Local 3 | Vueltas | Tel. 6 38 23 98 54 | gomeraactiva. com)* verleiht Kajaks, Tauchausrüstung und Stand-up-Bretter.

WHALE WATCHING 👥

Hoch ist die Wahrscheinlichkeit, dass du auf dieser Bootstour Tümmler oder Pilotwale siehst. Die Schwimmer springen aus dem Wasser, während du vom Boot aus dem Spiel der Tiere zuschaust. Vor dem Abenteuer kannst du dir in der Dauerausstellung „Delphine und Wale" im ☂ *Océano Gomera (Eintritt frei | C/ Quema 7 | Vueltas | Tel. 9 22 80 57 17 | Touren meist tgl. 10 und 15 Uhr | oceano-gomera.com)* einen Überblick über die verschiedenen Arten der Meeresschwimmer verschaffen.

STRÄNDE

Kultstrand ist die 300 m lange ⭐ *Playa del Inglés* nördlich von La Playa (10 Min. zu Fuß), obwohl man hier aufgrund heftiger Brandung, gefährlicher Unterströmungen und scharfer Felsriffs gar nicht baden kann: Der Strand beeindruckt mit seiner Wildheit und spektakulären Lage am Fuß grandioser Felsklippen. Gern lässt man hier alle Hüllen fallen und „badet" splitternackt in Luft und Sonne. Gefahrlos schwimmen kann man an der *Playa de Vueltas,* dem kleinen, dunklen Sandstrand in der Hafenbucht, ebenso am Strand 🐾 *La Playa*, der sich vom Viertel La Playa an der weiten Bucht bis La Puntilla erstreckt (mit Gratisduschen vor dem Hotel Gran Rey).

Im Winter wird der Sand durch Unterströmungen oft abgezogen.

Familien mit Kleinkindern lieben den „Baby-Beach": Die kleine, fast kreisrunde Bucht 👀 *Charco del Conde* im Viertel La Puntilla ist eine meist nur knietiefe Lagune, die durch eine natürliche Felsbarriere geschützt ist. Bei Ebbe bildet sich ein breiter Sandstrand aus, bei hoher Brandung bzw. bei Flut schwappen die Wellen über den Fels und sorgen für Wassernachschub.

WELLNESS

GOMERA LOUNGE

Die Lounge bietet auch Gästen, die hier nicht nächtigen, ein umfangreiches Wellnessangebot, allen voran Kosmetikbehandlungen und Massagen. Der Knüller: ein Whirlpool auf der Dachterrasse, von dem aus du einen überwältigenden Panoramablick genießt. *La Playa 9 | La Playa | Tel. 9 22 80 51 95 | gomera-lounge.de*

INSIDER-TIPP
Thalasso mit Sundowner

AUSGEHEN & FEIERN

PIANOBAR

Hier fühlst du dich wie unter Freunden: Die an der Strandpromenade von La Playa gelegene Bar ist Anlaufstation für Besucher, Residenten und Einheimische. Sie ist so klein, dass sich rasch alle Plätze füllen. Mehrmals in der Woche treten von Gomera Fusion bis Soulfood einheimische und zugereiste Musiker auf – 👀 bei freiem Eintritt (die Musiker freuen sich über eine kleine Spende). Ist es drin-

nen zu voll, kannst du der Livemusik von einem der Terrassentische lauschen. Manchmal werden auch Filme vorgeführt und Kunstausstellungen gezeigt. *La Playa 9 | La Playa | Tel. 9 22 80 51 95*

CACATUA

Angesagter Treffpunkt für Nachtschwärmer im Herzen von Vueltas. Bis 23 Uhr werden im sehr schönen unteren Garten Snacks und Drinks serviert, dann geht's nach oben in die legendäre (oft brechend volle) Nachtbar mit dem Charme der 70er-Jahre. Die Barkeeper mixen ausgefallene Drinks bis weit nach Mitternacht. Und am Wochenende erklingt „Mood Music" live. *So geschl. | Vueltas | zwischen den Fußgängerzonen | Facebook*

RUND UM DAS VALLE GRAN REY

🮴 MIRADOR DE PALMAREJO

4 km / 7 Min. nördl. vom Valle Gran Rey mit dem Auto über die GM-1

In den Steilwänden oberhalb des Valle Gran Rey klebt in einer Höhe von ungefähr 600 m wie ein Adlerhorst dieses von dem berühmten Künstler César Manrique gestaltete Aussichtsrestaurant. Zwar ist es geschlossen, doch von den Terrassen genießt du einen traumhaften Blick auf das Tal: In die steilen Flanken sind Felder geschlagen, an ihrem Fuß kauern kleine

Siedlungen inmitten grüner Palmenhaine. Auch die zum Meer sich öffnende Talmündung ist zu sehen – spektakulär! □ M4

9 ARURE

10 km/14 Min. nördl. vom Valle Gran Rey mit dem Auto über die GM-1

Arure (270 Ew.) liegt am Rand eines wunderbaren Tals. Ein erster Stopp lohnt am Ortseingang: In der urigen 🚩 *Tienda Vino Tinto (Fr geschl.)* kostest du die guten hauseigenen Tropfen vor dem Kauf. Links geht's zum Aussichtspunkt ⭐ *Ermita de Santo*. Du unterquerst einen Aquädukt und hast vom Vorplatz der Kapelle einen tollen Blick ins Tal von Taguluche. Die Hänge sind mit Palmen bewachsen. □ M4

INSIDER-TIPP
Tröpfchen für Tröpfchen

10 LAS HAYAS

14 km/19 Min. nordöstl. vom Valle Gran Rey mit dem Auto über die GM-1

Am Rand des Lorbeerwalds und des „Tals der 1000 Palmen" liegt die weit gestreute und im Winter empfindlich kühle Ortschaft Las Hayas (300 Ew.). An einem Platz, der überschattet wird von großen, duftenden Eukalyptusbäumen, findest du die Bar *Montaña (tgl. | Tel. 9 22 80 40 77 | efigenianatural.com | €–€€)* der Wirtin Efigenia. Die Zutaten für das berühmteste Traditionsmenü der Insel stammen fast ausschließlich aus dem eigenen Biogarten. Nach einem Teller Ziegenkäse gibt's Salat, Gemüseeintopf und als Nachtisch Käsekrapfen mit Palmenhonig. Die umtriebige Efigenia ist fast

schon eine Institution auf La Gomera. □ N4

11 EL CERCADO ⭐

17 km/22 Min. nordöstl. vom Valle Gran Rey mit dem Auto über die GM-1

Die Bewohner des Orts (450 Ew.) inmitten terrassierter Felder leben vorwiegend von einer bescheidenen Selbstversorgerwirtschaft. In den einzigen traditionellen Töpfereien der Insel sieht man den Frauen bei der Fertigung von Schalen und Krügen zu. Ein Besucherzentrum, das *Centro de Interpretación Las Loceras (Mi–So 10.30–17.30 Uhr | Eintritt frei | Plaza de El Cercado | ⏱ 15 Min.)*

INSIDER-TIPP
Guter Ton

informiert über Gomeras Töpfertraditionen. Für eine Stärkung bietet sich die *Bar Victoria (Mi geschl. | Tel. 9 22 80 41 46 | €€)* an.  N4

12 CHIPUDE

20 km/25 Min. nordöstl. vom Valle Gran Rey mit dem Auto über die GM-1

Noch vor 200 Jahren war Chipude (250 Ew.) unter dem Namen Temocodá der am dichtesten besiedelte Ort der ganzen Insel. Davon zeugt heute nur noch die große, dreischiffige Pfarrkirche *Nuestra Señora de Candelaria* aus dem 17. Jh. *(tagsüber meist geöffnet)*. Deftig gomerisch speist du im gegenüberliegenden Restaurant *Sonia (tgl. | Tel. 9 22 80 41 58 | chipude. es | €–€€)* – die meisten Gäste sind Wanderer.  N4–5

13 LA FORTALEZA

23 km / 28 Min. östl. Valle Gran Rey mit dem Auto über die GM-1

Wie eine uneinnehmbare Festung thront die 1200 m hohe Fortaleza (Festung) über dem Südwesten der Insel. Nur an einer Stelle führt ein steiler, gut gegliederter Kletterkamin durch die Wand. Oben erwartet dich ein fantastischer Rundblick über den Süden und Westen der Insel. Ovale Steinsetzungen nahe dem Gipfel erinnern an einen vorspanischen Kultplatz. Vom Weiler *Pavón* erreichst du das Gipfelplateau auf der rot markierten Tour GR-131.1 in ca. 45 Minuten.  N5

Der Tafelberg Fortaleza de Chipude war einst eine der heiligsten Stätten der Ureinwohner

DER NORDEN

WOLKIG BIS ZUM LORBEERWALD

Herrliche Wanderungen und verwunschene Wälder – so vielversprechend heißt der Norden die Inselgäste willkommen.
Gut befeuchtet von den Wolken des Nordostpassats präsentiert sich der Norden in einem satten Grün. Die höher gelegenen Flanken der steilen Gebirgszüge bedecken die Nebelwälder des Nationalparks, und in den wasserreichen Tälern von Hermigua und Vallehermoso wachsen auf Terrassenfeldern Bananen und Wein. Das feuchte Klima ist optimal für eine bunt gemischte subtropische Flora. Von jeher

El Cedro, Nebelwald

war der Norden das Zentrum der Landwirtschaft. Noch heute zeugen Herrenhäuser und stattliche Fincas vom ehemaligen Reichtum.

Die wilde Steilküste und der oft wolkenverhangene Himmel sind nichts für sonnenhungrige Badegäste. Doch kulturinteressierte und naturbegeisterte Individualtouristen, die die Abgeschiedenheit eines ländlichen Urlaubs bevorzugen, finden hier oben ideale Bedingungen. Hilfreich bei Ausflügen ist dabei die schöne Panoramastraße GM-1, die Ortschaften und Taldeltas direkt miteinander verbindet.

DER NORDEN

Océano
Atlántico

**Playa de
Vallehermoso**

4 Arguamul

○ Valle Abajo

● **Vallehermoso S.**

E S P A Ñ A
(C A N A R I A S)

Playa de
Alojera

2 Alojera

1 Chorros de Epina

GM1

3 Taguluche

GM2

10 Laguna
Grande

GM1

MARCO POLO HIGHLIGHTS

★ **PARQUE NACIONAL DE GARAJONAY**
Der Lorbeerwald mit moosbewachsenen Baumriesen ist La Gomeras Herzstück ➤ S. 76

★ **MIRADOR DE ABRANTE**
Ein Skywalk über die Abbruchkante – mit himmlischem Panorama! ➤ S. 73

★ **BODEGÓN ROQUE BLANCO**
Authentische gomerische Traditionsküche mit wunderschönem Ausblick ➤ S. 70

★ **JUEGO DE BOLAS**
Das Besucherzentrum macht dich theoretisch und praktisch mit der Inselnatur bekannt – mit tollem botanischen Garten, in dem alle Pflanzen-Gomeros wachsen ➤ S. 72

★ **AGULO**
Dornröschen lässt grüßen. Ein Dorf wie aus dem Märchen-Bilderbuch, das irgendwann noch wach geküsst werden muss … ➤ S. 71

Simancas
GM1
5 Tamargada
Mirador de Abrante ★ 8
Agulo ★
S. 71
20 km, 30 Min.
8 km, 15 Min.
7
El Pescante
Juego de Bolas ★
6 Bodegón Roque Blanco ★
Playa de la Caleta
Hermigua S. 73
16 km, 35 Min.
Las Poyatas
Parque Nacional de Garajonay ★
S. 76
9
El Cedro
GM1
2 km
1.24 mi

VALLEHER-MOSO

(N–O3) **Vallehermoso heißt „Schönes Tal" – zu Recht. Am Fuß des gewaltigen Felsens Roque Cano (650 m) erstreckt es sich vom Meer bis zum oberen Ortsteil Macayo als eine bilderbuchmäßige Terrassenlandschaft.**

Hier werden vorwiegend Bananen, Kartoffeln, Mais und Wein angebaut. Die Hauptstadt (800 Ew.) der mit knapp 120 km² größten Gemeinde La Gomeras ist noch immer ländlich geprägt. Mittelpunkt des Geschehens ist die *Plaza de la Constitución*, die von Banken, Bars und Geschäften gesäumt ist. Alte Herrenhäuser stehen an der ein paar Schritte entfernten *Plaza de la Inmaculada*, im Hintergrund ragt die zu Beginn des 20. Jhs. erbaute Kirche *Iglesia de San Juan Bautista* mit ihrem Glockenturm auf.

ESSEN & TRINKEN

TAMAHUCHE

Hier sitzt du am eingedeckten Holztisch vor dunklen Natursteinwänden und lässt dich von Jordis Zauberkünsten überraschen. Vieles beim Viergangmenü kommt aus eigenem Anbau oder wird bei befreundeten Bauern gekauft, die mediterran-fantasievolle Zubereitung ist eine willkommene Abwechslung von gomerischer Hausmannskost. *Tgl. ab*

INSIDER-TIPP
Wenn's ein Tick feiner sein darf

19 Uhr | La Hoya 20 | Tel. 9 22 80 11 76 (Reservierung empfohlen) | hotela mahuche.com | €€–€€€

TASCA EL CARRACA

Lust auf Gomera-Klassiker wie pikanten Streichkäse *(almogrote)*, Wildkresseeintopf oder gebeiztes Kaninchen? Wenige Schritte vom Hauptplatz wird im traditionell-rustikalen Landhaus gute einfache Küche aus frischen Zutaten serviert. *Mo geschl. | Calle Nueva Creacion s/n | Tel. 9 22 80 10 21 | €€*

AGANA 🐫

Im Restaurant Agana wirst du mit dem Abendmenü (drei Gänge und ein Getränk) für nur 12 Euro satt. Frisch nach kanarischer Art zubereitete Speisen. *Mi geschl. | Av. Guillermo Ascanio 5 | Tel. 9 22 80 08 43 | €–€€*

SHOPPEN

WEINBAUGENOSSENSCHAFT „CABILDO INSULAR DE LA GOMERA" 🚩

Die Weinbaugenossenschaft – wenige Schritte von der Plaza Richtung Agulo – produziert Tropfen von guter Qualität. Ist das Hauptportal geschlossen, versuch dein Glück an der Seitentür. *Ctra. General 7*

SPORT & SPASS

WANDERN

Wer sich einer geführten Wandertour anschließen möchte, wendet sich an die Aktivagentur *Ymaguara (C/ Pablo González Vera s/n | Tel. 659 99 22 05 |*

ymaguara.com). Sie bietet auch Kajakausflüge sowie Bodega-Besuche an.

Die schroffe Nordküste mit hoher Brandung und unberechenbarer Strömung ist zum Baden sehr gefährlich. Den einzigen schöneren Strand findest du unterhalb von Alojera. Das *Meeresschwimmbecken (Eintritt frei)* an der 🏊 *Playa de Vallehermoso* ist meist nur im Sommer gefüllt. Es liegt oberhalb eines Kiesstrands mit Bambussonnenschirmen.

Vallehermoso: wie in Felsen gewiegt

RUND UM VALLEHERMOSO

❶ CHORROS DE EPINA
10 km/17 Min. südwestl. von Vallehermoso mit dem Auto über die GM-1

Wenn du im Lotto gewinnen willst oder Wert auf Gesundheit und Liebesglück legst, dann musst du unbedingt das Wasser aus den magischen Quellen von Epina probieren. Nach dem gleichnamigen Ausflugslokal an der GM-1 geht's auf einem Steinplattenweg zu einer *Kapelle,* weiter über eine Treppe zu einem lauschigen Waldplatz mit den Quellen und einem Picknickplatz mit Grillmöglichkeit. 📖 *N3*

❷ ALOJERA
17,5 km/23 Min. südwestl. von Vallehermoso mit dem Auto über die GM-1 und CV-16

Von der GM-1 zweigt nahe dem Restaurant Chorros de Epina eine kleine Straße Richtung Westen ab. Sie bietet einen herrlichen Blick auf die mächtigen Gebirgszüge und Täler, die um die Ortschaft Alojera (400 Ew.) liegen. Von dort geht es auf einer serpentinenreichen Stichstraße zur von Klippen eingefassten 🏊 *Playa de Alojera* hinab, an der man bei ruhiger See (meist nur im Sommer) in die Fluten steigen kann. Die Bucht ist von Wellenbrechern vor der Brandung geschützt. Romantiker genießen hier die Abgeschiedenheit sowie die Sonnenuntergänge. Einfache, gute Fischgerichte serviert *Prisma (unregelmäßig geöffnet, meist Mi geschl. | Tel. 9 22 80 07 03 | Playa de Alojera | €)* M3

3 TAGULUCHE

19,5 km/33 Min. südwestl. von Vallehermoso mit dem Auto über die GM-1 und CV-16

Ein weltvergessener Weiler: Nach Stärkung in der Dorfbar folgt man vom unteren Ortsende dem Weg durch eine Felsschlucht zu einer Aussichtsplattform, steigt in das reizvolle Tal hinab und genießt dabei Blicke auf die wilde Westküste. M4

4 ARGUAMUL

15 km/27 Min. nordwestl. von Vallehermoso mit dem Auto über die GM-1, CV-16 und Piste

Der ehemalige Fischerort liegt mit seinen alten Häusern malerisch an einem steilen Hang über einer wilden Küstenlandschaft. Ein steiler Pfad führt zum Meer, wo sich die riesigen Wellen des Atlantischen Ozeans an den vorgelagerten, markanten Felsformationen brechen. An ein Bad ist nicht zu denken, doch die Wildheit des Fleckens berauscht! N2

5 TAMARGADA

4,8 km/6 Min. östl. von Vallehermoso mit dem Auto über die GM-1

Das malerisches Örtchen mit seinen ziegelgedeckten Langhäusern liegt inmitten großer Palmenhaine. Viele Canarios meinen, es sei das besterhaltene Dorf im altkanarischen Stil. Die ausgedehnten Weinterrassen liefern die Trauben zur Herstellung des gomerianischen Landweins. O2

6 BODEGÓN ROQUE BLANCO ★

13 km/25 Min. östl. von Vallehermoso mit dem Auto über die GM-1 und

Felsen und Meer umgeben die pittoreske Gemeindehauptstadt Agulo

Calle Cruz del Tierno, am Stausee rechts über den Damm fahren

Abseits im Grünen liegt das Terrassenlokal mit dem schönsten Blick auf das weite Tal von Vallehermoso. Die etwas längere Anfahrt lohnt, um ein paar Stunden in einem gomerischen Gartenidyll zu verbringen. Dazu passt die deftige kanarische Hausmannskost, gern auch Fleisch vom Grill, die in großzügiger Portion von herzlichen Kellnern serviert wird. Und on top gibt es zuweilen El-Silbo-Einlagen … *Mo geschl. | Cruz de Tierno | Tel. 9 22 80 04 83 | €€ ▢ O3*

AGULO

(▢ P2) ⭐ **Agulo, das für viele schönste Dorf der Insel, breitet sich auf mehreren 200 m über** dem Meer schwebenden Felskuppen aus und ist umgeben von schroffen Steilwänden und symmetrisch angelegten Bananenterrassen.

Aus vielen Ecken und Winkeln eröffnet es einen großartigen Panoramablick auf die Nachbarinsel Teneriffa – manchmal scheint der knapp 4000 m hohe, aus den Fluten ragende Teide zum Greifen nah. Kopfsteingepflasterte Gassen, alte Herrenhäuser, lauschige Plazas laden zum Bummeln ein. Schade nur, dass sich in Agulo kaum etwas abspielt, sodass man rasch weiterfährt … Wo nur stecken die 1500 Einwohner?

SIGHTSEEING

IGLESIA SAN MARCOS

Das Ortszentrum bildet die stille *Plaza Leonico Bento* mit Rathaus und der neugotischen Kirche *Ermita San Marcos,* die wegen ihrer weißen Dachkuppeln und dem minarettartigen Glockenturm von den Einheimischen auch *La Mezquita* (Moschee) genannt wird. Sollte sie geöffnet sein, lohnt ein Blick auf ihre geschnitzten Heiligenfiguren.

ESSEN & TRINKEN

LA VIEJA ESCUELA

In der ehemaligen winzigen Dorfschule *(ecscuela)* im Ortskern schmecken Zicklein, Kaninchen und wärmende Eintöpfe. Auch auf der kleinen Straßenterrasse lässt es sich gut sitzen! *Tgl. | C/ Poeta Trujillo Armas 2 | Tel. 9 22 14 60 04 | €€*

Hier geht man geradewegs auf den Himmel zu: Skywalk am Mirador de Abrante

SPORT & SPASS

WANDERN

Ab dem Ortszentrum führt der gelb markierte PR-LG 5 längs der fast senkrechten Felswand steil hinauf zum Mirador de Abrante / Juego de Bolas. Für die nur knapp 4 km lange Strecke werden 1,5 Std. benötigt.

RUND UM AGULO

7 JUEGO DE BOLAS ★ 🐮

8 km / 12 Min. südwestl. von Agulo mit dem Auto über die GM-1

Einmal rund um die Insel, in die Vergangenheit und in die Tiefe! Das von Spaniens Umweltbehörde betriebene Besucherzentrum will Gomera-Erfahrungen vermitteln – der Abstecher lohnt sich! Der von traditioneller Bauweise inspirierte Bau steht inmitten eines botanischen Gartens. Viele Ur-Kanarier wachsen hier – vom Dachwurz mit seinen fleischigen, dekorativ rosettförmigen Blättern bis zur „königlichen" Palme.

Hast du dich daran satt gesehen, geht's ins Innere des Baus. Dort begrüßt dich ein großes, maßstabsgerechtes Inselmodell, das aufzeigt, wie zerklüftet die Insel ist: eine Torte, aus der schon viele Stücke herausgeschnitten wurden. Fotos und Schautafeln erläutern die Inselnatur; ein 20-minütiger Dokufilm (auch auf Deutsch) führt zurück in jene Zeit, als Gomera durch gewaltige Vulkanausbrüche aus dem Atlantikboden emporwuchs. Millionen Jahre später kamen die ersten

Siedler aus Nordwestafrika – ihnen und ihrer Kultur ist ein eigener Raum gewidmet. Lust auf mehr? Eine Bauernkate zeigt, wie einfach die meisten Gomeros noch vor wenigen Generationen lebten. Und in Werkstätten wird vorgeführt, welches Handwerk sie betrieben. Hast du Hunger bekommen, ist eine Stärkung im angeschlossenen *Café* fällig! Señora Idelina backt tagein, tagaus Riesenplätzchen in ausgefallenen Geschmacksvarianten. Wie wär's mit einem Hauch Ingwer? *Di–So 9.30–16.30 Uhr, Film stdl. | Eintritt frei | Carretera Las Rosas–La Palmita | Tel. 9 22 80 09 93 | reservasparquesnacionales.es (>Garajonay) | ⏱ 1 Std. | ⧉ P3*

INSIDER-TIPP
Süße Versuchung

🅱 MIRADOR DE ABRANTE ⭐

3 km/5 Min. von Juego de Bolas über ein langes, schmales Sträßchen; Vorsicht bei Bus-Gegenverkehr!

Ein Skywalk, rundum verglast, führt über die Abbruchkante der Klippe hinaus. Du scheinst über dem Abgrund zu schweben. Der Blick, der sich dir dabei bietet, ist grandios: Tief unten die Häuschen von Agulo in ihrer Felsarena, dahinter das Meer, begrenzt vom knapp 4000 m hohen Kegel des Teide auf Teneriffa. Du kannst hier gut und vergleichsweise günstig speisen! Hinterher empfiehlt sich ein Spaziergang über den mit kanarischen Exoten bepflanzten Hang. *Tgl. 10–18, im Sommer bis 19 Uhr | Eintritt frei | €€ | ⏱ 30 Min. | ⧉ P3*

HERMIGUA

(⧉ P3) **Mit knapp 1800 Einwohnern ist die sich über 6 km bis zum Meer ziehende Streusiedlung Hermigua die zweitgrößte Ortschaft auf La Gomera. Hier quartieren sich vor allem Wanderer ein, die die Nähe zum Nationalpark schätzen und den Urlaub gern unter Einheimischen verbringen.**

Westlich vom zerklüfteten Gebirgskamm des *Enchereda* (1065 m) eröffnet sich den Besuchern die größte und wasserreichste Schlucht der Insel: ein lang gezogenes, weites Tal, das durchgehend vom oberen Ortsteil *(Valle alto)* bis zum Meer im unteren Ortsteil *(Valle bajo)* mit Bananenplantagen durchzogen ist. Für die Fruchtbarkeit des Tals sorgen der das ganze Jahr über Wasser führende Cedro-Bach, die drei Stauseen und der ganzjährige Nordostpassatwind mit Wolken und Nebelschwaden. Den oberen Ortsteil überragen die Zwillingsfelsen *Roques de San Pedro* (430 m). Der untere Ortsteil mit Kirchplatz und dem gegenüberliegenden Rathaus *(Ayuntamiento)* sowie die Touristeninfo bildet Hermiguas Mittelpunkt.

SIGHTSEEING

IGLESIA NUESTRA SEÑORA DE LA ENCARNACIÓN

Eine bewegte Geschichte: Die im 17. Jh. erbaute und später zerstörte Kirche wurde 1927 extravagant wieder aufgebaut. Besonders sehenswert ist der hölzerne Hochaltar mit der Madonnenfigur. *Plaza Nuestra Señora de la Encarnación | im unteren Ortsteil*

MUSEO ETNOGRÁFICO DE LA GOMERA

Das schmucke Volkskundemuseum befasst sich mit La Gomeras Traditionen. Während man in der ersten Etage auch in deutscher Sprache Wissenswertes zu Landwirtschaft, Fischerei und Forstwirtschaft erfährt, stehen in der zweiten Etage neben Wein, Weberei, Kunsthandwerk die Architektur und die ⚑ traditionelle Pfeifsprache El Silbo im Mittelpunkt. Besonders schön sind die traditionellen, von Hand geformten Tongefäße mit ihren perfekten Rundungen. Nach der Besichtigung kann man sich im Museumsladen mit Souvenirs eindecken. *Di–Fr 10–18, Sa/So 10–14 Uhr | Eintritt 2,50 Euro | Ctra. General de Las Hoyetas 99 | museoslagomera.es |* ⏱ *30 Min.*

MOLINO DE GOFIO

Wenige Hundert Meter unterhalb des Landhotels *Los Telares* ist die Gofio-Mühle Anziehungspunkt zahlreicher Busgesellschaften. Nach dem Rundgang durch die kleine Gartenanlage mit vielen kanarischen Pflanzen kannst du im angrenzenden Laden das eine oder andere Souvenir kaufen (s. S. 75). *Tgl. 9–12 und 14–16.30 Uhr | Ctra. General del Norte | Eintritt 2 Euro inkl. Kostprobe |* ⏱ *30 Min.*

IGLESIA SANTO DOMINGO DE GUZMÁN

Die 1515 erbaute Klosterkirche der Dominikaner steht im Ortsteil San Pe-

dro. Im Innern der kleinen Kirche sind interessante Holzreliefs, holzgetäfelte Kassettendecken im Mudéjarstil und erfrischend naive Bilder der Escuela Popular zu sehen. *Nur sporadisch geöffnet | am Dorfplatz El Convento im oberen Ortsteil*

ESSEN & TRINKEN

TASCA TELÉMACO

Hier stimmt das Ambiente mit lauschigen Gartenterrassen und einem am Wochenende von Live-Latino-Rhythmen belebten Gastraum. Señora Rochy schwingt den Kochlöffel und bereitet in der offenen Küche am liebsten Veggie-Gerichte zu. Vieles stammt aus ihrem Bio-Anbau. Fantastisch schmeckt das Maracujadessert! *Tgl. | Plaza de la Encarnación 2 | Tel. 9 22 88 08 12 | tascatelemaco.com | €–€€*

INSIDER-TIPP
Lässig Latino

CAFÉ & BAR PEDRO

Das Café mit Terrasse und Bar ist Treffpunkt für Einheimische und Touristen. Zum Frühstück gibt es selbst gebackene Kuchen (sehr lecker Banane und Mohn) mit Früchten aus dem eigenen Garten. Später Tapas, z. B. Tintenfisch oder Salat mit Ziegenkäse. Gratis-WLAN. *Tgl. | Ctra. General del Norte 56 | Tel. 9 22 88 09 91 | barterrazapedro.com | €–€€*

EL FARO

Kleines, gemütliches Lokal am Ende der Hauptstraße Richtung Playa Santa Catalina. Hier wird nicht nur Kanarisches serviert, sondern auch mediter-

Die Zwillingsfelsen Dos Hermanos: doppelt schöner Anblick

rane Küche – in großzügigen Portionen. Am schönsten sitzt man auf der Dachterrasse mit Blick ins Grüne. *Tgl. 13–22 Uhr | Playa Santa Catalina 15 | Tel. 9 22 88 00 62 | €€–€€€*

SHOPPEN

MOLINO DE GOFIO

An die Gofio-Mühle im oberen Ortsteil ist ein Shop angeschlossen, in dem du kunstvolle Weberei- und Stickereiarbeiten, Keramik und Kulinaria bekommst (s. S. 74).

SPORT & SPASS

WANDERN

Im Obertal, gegenüber der Plaza del Convento, startet der gelb markierte Weg PR-LG-3, der dich vorbei an den verwitterten Felsen *Dos Hermanos* (15 Min.) und dem Wasserfall *Salto del Agua* (1,5 Std.) nach El Cedro führt (2 Std. eine Richtung).

STRÄNDE

Im Sommer, wenn die See ruhiger ist, nutzen die Einheimischen das Meeresschwimmbecken *El Pescante* am Ende der Küstenstraße zum Baden. Die Betonpfeiler sind Relikte der ehemaligen Bananenverladestation. Aber Vorsicht: Die Steine rund um das Bassin sind veralgt und rutschig!

Auf der landeinwärts abzweigenden Asphaltpiste kommt man nach 6 km zur *Playa de la Caleta*, einer halbwegs badesicheren, durch Klippen geschützten Kiessteinbucht. 2 km kürzer ist der Weg dorthin zu Fuß (PR-LG 2 ab Meeresschwimmbecken).

AUSGEHEN & FEIERN

Wenn lokale Bands am Wochenende in der *Tasca Telémaco* Salsa- und Merengue-Rhythmen spielen, werden die Tische zur Seite gerückt und das halbe Dorf tanzt.

PARQUE NACIONAL DE GARAJONAY

(🗺 N–P 3–5) **Das Herz der Insel La Gomera schlägt in den Bergen, wo auf Naturfreunde und Wanderer ein ⚑ herrlicher, immergrüner Nebelwald wartet, geschützt als ⭐ Parque Nacional de Garajonay.**

Wie eine Oase liegt dieser Mischwald aus Lorbeerbäumen und Baumheide in der wilden, zerrissenen Gebirgslandschaft 900 bis 1500 m über dem Meeresspiegel. Einem grünen Kragen gleich schlingt er sich um den höchsten Gipfel, den *Garajonay* (1487 m), bedeckt das Rückgrat der Insel und fließt gen Norden die steilen Hänge hinunter, wo er sich in unzugängliche Schluchten schmiegt.

Ursprünglich war fast die gesamte Insel von diesem Wald bedeckt. Aber durch Kahlschlag und Rodungen wurden große Bestände vernichtet. Noch in den 1960er-Jahren gab es Bestrebungen, auch den verbliebenen Wald abzuholzen, um Anbauflächen zu schaffen. Doch auf Betreiben von Naturschützern wurden die restlichen knapp 40 km² Wald unter Naturschutz gestellt und zum Nationalpark *Parque Nacional de Garajonay* erklärt. Nur einige Jahre später erkor die Unesco den Lorbeerwald zum Welterbe.

Mittelpunkt des Nationalparks ist das *Cedro-Tal,* das sich vom Fuß des Garajonay Richtung Norden erstreckt. Ganzjährig fließt hier ein Bach, den

knorrige Lorbeerbäume säumen, umrankt von Efeu und behangen mit einem Gewirr aus Lianengewächsen. Ein schmaler Pfad entlang dem steinigen Flussbett führt über kleine Holzbrücken, vorbei an Wasserfällen und einer verwunschenen, malerisch an einer Lichtung liegenden Kapelle.

ZIELE IM PARQUE NACIONAL DE GARAJONAY

🟧 EL CEDRO

Warum der Weiler El Cedro, „die Zeder" heißt, bleibt schleierhaft, wachsen ringsum doch vorwiegend Lorbeerbäume! Eine Handvoll Häuser und Fincas liegen in einem Taleinschnitt mit handtuchschmalen Terrassenfeldern. Viele Wanderwege führen nach El Cedro, den einzigen Ort weit und breit. Der spektakulärste Zugang erfolgt durch einen 600 m langen Wasserstollen *(Túnel de Agua),* der von der Straßen-Spitzkehre mit der Wegtafel „Caserío del Cedro" bei El Rejo an der CV-14 abgeht (Taschenlampe am Smartphone einschalten!). Bitte bedenken, dass der Tunnel nach Starkregen nicht begehbar ist!

INSIDER-TIPP
Licht am Ende des Tunnels

Alle, die durch El Cedro kommen, kehren in der einzigen Bar ein. Nicht umsonst heißt sie *La Vista (tgl. | Tel. 9 22 88 09 49 | €).* Sie bietet von der Terrasse eine weite „Sicht" über Felder und Wälder. Mit Bänken aus halbierten Baumstämmen und Holztischen ist sie rustikal eingerichtet, dazu passt die kräftige Bergküche. Wirtin Juana

Bei Brunnenkressesuppe in der Bar La Vista in El Cedro schließt man nette Bekanntschaft

tisch Ziegengulasch, gebratenen Ziegenkäse und Kresseeintopf aus dem Holznapf auf. 📖 O4

🔟 LAGUNA GRANDE

Ein beliebter Ausgangspunkt für Wanderungen ist *Laguna Grande*, ein ehemaliger Kratersee im Zentrum des Nationalparks. Die große Lichtung in der Nähe der Höhenstraße liegt mitten im schönsten Wald, mit rustikalem 👓 Kinderspielplatz, einigen Grillstellen und einem guten Ausflugslokal mit traditioneller Küche.

Ein attraktiver Infopavillon (*Infostelle Laguna Grande Eintritt frei*) stellt den Wald und seine Wanderwege vor. Barcodes, mit Tablet oder Smartphone eingelesen, vermitteln GPS-Daten der Tracks und helfen gleichfalls bei der Orientierung. Unmittelbar vor dem Infopavillon beginnen kurze Lehr- und Schnupperpfade

ins Dickicht. 👓 Zweimal wöchentlich starten hier um 9.30 Uhr kostenlose Führungen (meist auf Spanisch) in den Nationalpark. Die Länge der Tour richtet sich nach dem Wetter und der Kondition der Teilnehmer (*Voranmeldung nötig unter reservasparquesnacionales.es oder unter Tel. 9 22 80 09 93*). 📖 N–P 3–5

INSIDER-TIPP
Gipfeltouren mit Gratisguide

SPORT & SPASS

WANDERN

Der Nationalpark ist ein Wanderparadies. An der GM-2 starten mehrere attraktive, markierte Wanderwege: so an der Degollada de la Peraza, an der Kreuzung Cruce de Pajarito (am Schnittpunkt von GM-2 und GM-3), am Alto de Contadero und in Laguna Grande.

EL HIERRO

Die kleinste Kanareninsel vereint eine wunderbare Vielfalt landschaftlicher und klimatischer Gegensätze! Wo sich auf den Nachbarinseln wilde Gebirgslandschaften in den Himmel türmen, bietet El Hierro herrliche Hochebenen.

Vom Hauptort Valverde erstrecken sie sich in südwestlicher Richtung und bedecken einen großen Teil der 278 km² kleinen Insel. Auf den von Natursteinmauern durchzogenen, sattgrünen Weiden, die sich im Frühling in einen Blütenteppich verwandeln, grasen Kühe, durch

Weg zum Mirador de la Peña

die Einsamkeit der weitläufigen Landschaft ziehen Schäfer mit ihren Herden.

Ganz anders der Rest der Insel: Im Süden erinnern schwarz bis rostbraune Kegel an den jüngeren Vulkanismus. Im Osten wie im Westen fallen über 1000 m hohe Steilwände im Halbrund zur Küste ab. Um die Ursprünglichkeit der Insel zu erhalten, setzt die Inselregierung auf sanften Tourismus. El Hierro ist „Unesco-Welt-Biosphären-Reservat" und Spaniens erster Unesco-Geopark.

EL HIERRO

HI500
Mirador
de Bascos
20
27 Pozo de la Salud
HI551

Charco Azul 26
HI550
Valle del Golfo ★
S. 97

19
El Sabinar ★
28
Sabinosa
HI50

18 Santuario Insular de
Nuestra Señora de los Reyes
HI1
E S P A Ñ A

HI400
HI45

HI400
16 Centro de Interpretación
Parque Cultural de El Julán

17 Faro de Orchilla ★

O c é a n o
A t l á n t i c o

Cala de Tacorón 15

5 Charco Manso

6 Pozo de las Calcosas

4 Tamaduste

7 Mirador de la Peña ★

Valverde
S. 82

3 La Caleta

CANARIAS

HI5

HI2

8 km
20 Min.

24 Las Puntas

1 Puerto de la Estaca

25 La Maceta

HI120

HI10

HI1

2 Las Playas

Meseta
de Nisdafe

23 Museumsdorf Guinea ★

8

10

HI5

San Andrés

HI30

9

Mirador
de Jinama

12 Isora

21 La Frontera

22 Tigaday

17,5 km, 20 Min.

11 Raya de la Llanía ★

HI30

Parador de El Hierro ★

33 km, 45 Min.

13 El Pinar

HI4

14 Centro de
Interpretación Vulcanológico

La Restinga
S. 91

3 km
1.86 mi

VALVERDE

(📖 J3–4) **Die Inselhauptstadt Valverde (1800 Ew.) liegt nicht wie andere Hauptstädte der Kanaren im milden Küstenklima, sondern auf frischen 700 m Höhe am Rand einer Hochebene.**

Oft ziehen Passatwolken auf und hüllen Valverde in ein undurchdringliches Grau – darum wird hier kaum jemand seinen gesamten Urlaub verbringen wollen.

Der Ort gleicht mehr einem Dorf als einer Stadt, doch hat er alles, was man braucht. Der beschauliche Alltag konzentriert sich auf *La Calle,* die Hauptstraße. Dort liegen die größte Touristeninfo der Insel und mehrere Restaurants, das Nachtleben ist äußerst bescheiden. Immerhin ist Valverde gut geeignet als Startpunkt für Wanderungen in den Norden und auf die Hochebene. Außerdem sind die Badeplätze von La Caleta und Tamaduste nicht weit.

SIGHTSEEING

CENTRO ETNOGRÁFICO CASA DE LAS QUINTERAS

Uriges Haus, uriger Inhalt: In einem Natursteinbau der „Oberstadt" Valverdes wird einheimisches Kunsthandwerk ausgestellt: Gewebtes, Getöpfertes und Geschnitztes. Und wenn's dir gefällt, kannst du das Selbsthergestellte im angeschlossenen Laden erwerben. *Mo–Fr 9–15, Sa/So 9–13 Uhr | Eintritt 4 Euro | C/ Armas Martel 1 | ⏱ 15 Min.*

IGLESIA SANTA MARIA DE LA CONCEPCIÓN 🏛

Am tiefsten Punkt der *Plaza del Teatro,* dem Vorplatz der Kirche, steht El Hierros schönste und größte Kirche. In Zeiten der Piraterie verschanzten sich hier alle Ortsbewohner! Die Schauseite gefällt mit drei von Naturstein dekorativ eingefassten Portalen. Über dem mittleren Portal erhebt sich ein *Glockenturm* mit Holzbalkon, von seiner Spitze grüßt aus luftiger Höhe eine Madonnenfigur.

Den gewaltigen Innenraum der Kirche überspannt eine holzvertäfelte, kunstvoll gearbeitete Decke im Mudéjarstil, getragen von toskanischen Säulen. Der barocke Altar mit einer mehrfarbigen Statue der Madonna wirkt ein wenig verloren in der Weite des Raums. Der füllt sich erst, wenn die Kirche alle vier Jahre das Ziel der berühmten Prozession *Bajada de la Virgen de los Reyes* wird. Dann werden in der Kirche die Figuren aller Inselheiligen aufgestellt, und auf der Plaza del Teatro wird zu Ehren Marias tatsächlich Theater gespielt. ⏱ *10 Min.*

HOMMAGE AN DIE BAJADA

Am östlichen Ortsrand, an der Straße zum Flug- bzw. Fährhafen, stehen links der Straße große weiße Skulpturen, darunter riesige gekrönte Köpfe. Betrachtet man das Kunstwerk näher, entpuppt es sich als eine Ansammlung von alltäglichen Gebrauchsgegenständen, die der auf El Hierro geborene und heute auf Gran Canaria lebende Künstler Rubén Armiche mit Maschendraht umwickelt und mit Gips bedeckt hat. Für die „Homenaje a

Valverde: gepflegtes Hauptstädtchen El Hierros hoch oben gelegen

la Bajada" (Hommage an die Bajada), entstanden 2009, hat Armiche Teile von Schrottautos **sowie ausrangierte Waschmaschinen und Kühlschränke zusammengetragen, um damit öffentlichkeitswirksam auf die Entsorgungsprobleme der Insel hinzuweisen.** Ein weiteres Monument des Künstlers, der mehr als vier Meter hohe *Neptun*, steht oberhalb des Naturschwimmbeckens Pozo de las Calcosas. Auch für dieses Kunstwerk haben die Einheimischen wochenlang Schrott zusammengetragen. 📖 *J3*

INSIDER-TIPP
Schöner Schrott

ESSEN & TRINKEN

LA MIRADA PROFUNDA

Etwas unscheinbar an der Durchgangsstraße zum Tunnel gelegen, bietet das kleine Restaurant hervorragendes Essen. Antonio García Corujo zaubert in der Küche durch eine offene Durchreiche quasi vor den Augen der Gäste mediterrane und einheimische Gerichte. Sehr zu empfehlen ist das preiswerte ❤ Mittagsmenü aus drei Gängen inklusive Getränk für nur 12 Euro (nicht ausgeschrieben; daher nach „menú del día" erkundigen). *Tgl. | C/ Santiago 25 | Tel. 9 22 55 17 87 | €€€*

COFFEEPLUS

Der Name des Bistrocafés gegenüber der Guardia Civil ist Programm: Zum guten Kaffee gibt's ein Glas Wasser und – wie es ironisch auf der Tafel steht – „psychologischen Beistand" (leider bisher nur auf Spanisch). Die Frühstücksgedecke sind umfangreich, die Kanapees und Süßigkeiten

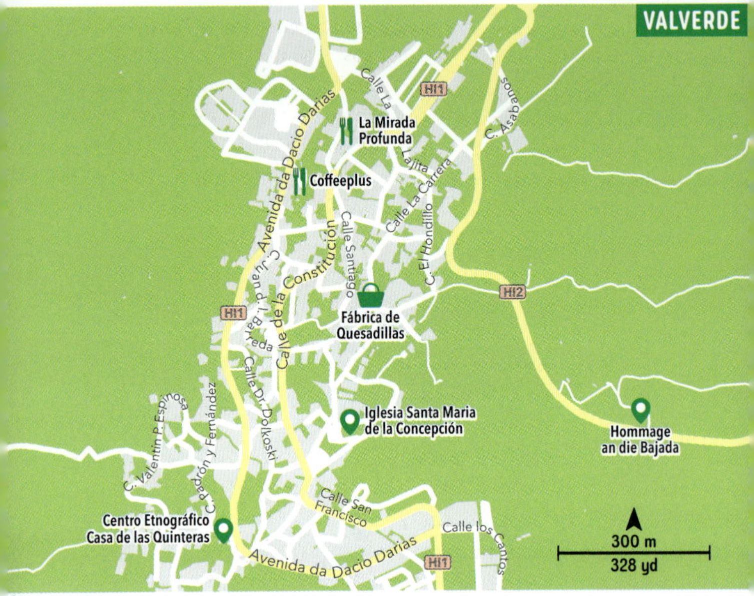

VALVERDE

La Mirada Profunda

Coffeeplus

Calle La Lajita

C. El Hondillo

Calle Santiago

Calle la Constitución

Calle de la Peña de Juan Bay

Calle Dr. Dolkoski

HI1

Fábrica de Quesadillas

Iglesia Santa Maria de la Concepción

Hommage an die Bajada

HI2

C. Valentín P. Espinosa

C. Padrón y Fernández

Calle San Francisco

Calle los Canlos

Centro Etnográfico Casa de las Quinteras

Avenida da Dacio Darias

HI1

300 m
328 yd

---

lecker. *Tgl. ab 8 Uhr | Av. Dacio Darias 60 | €*

SHOPPEN

FÁBRICA DE QUESADILLAS

Immer der Nase nach: Wo es herrlich duftet und dir das Wasser im Mund zusammenläuft, bist du richtig! Bei Marisol und Esperanza werden tagein, tagaus *quesadillas* gebacken: kleine, runde, bernsteinfarbene Käsetörtchen, die am besten warm auf der Zunge zergehen – eine herreñische Spezialität! Sie sind wahre Kalorienbomben, aber du kannst ja unauffällig deinen Gürtel lösen. *C/ Veintidós de Febrero 2 | quesadillasadriangutierrez.com*

INSIDER-TIPP
Achtung, Suchtgefahr!

SPORT & SPASS

WANDERN

Von Valverde kannst du auf markierten Wegen zur Küste hinabwandern, z. B. nach La Caleta und Tamaduste. Und auch die Hochebene rund um San Andrés ist nicht fern!

STRÄNDE

Geschützte Badeplätze bieten an der Nordküste der Strand *Charco Manso* (s. S. 87) der *Pozo de las Calcosas* (nur im Sommer, s. S. 87), *La Caleta* (s. S. 86) und das Hafenbecken von *Tamaduste* (s. S. 86).

Ein kleiner *Sandstrand* befindet sich bei dem Örtchen *Timijiraque* und ein ausgedehnter Kiesstrand an der *Punta de la Bonanza*.

RUND UM VALVERDE

1 PUERTO DE LA ESTACA

8 km/10 Min. südl. von Valverde mit dem Auto über die HI-2

Eine serpentinenreiche Straße verbindet Valverde mit dem kleinen Fährhafen am Fuß der Steilküste. Im Hafenbecken liegen Fischerboote und Segelyachten, und viele Einheimische nutzen das klare und ruhige Wasser zum Baden und Schnorcheln am benachbarten Kiesstrand. Nur bei Ankunft der Autofähren, die El Hierro von Teneriffas Südhafen Los Cristianos aus anlaufen, herrscht hier ein geschäftiges Treiben. Dann warten an der Mole Taxis, der Linienbus und die Mietwagenverleiher. Nur selten verirrt sich ein Kreuzfahrtschiff hierher. 🔲 *H4*

2 LAS PLAYAS

18 km/30 Min. südl. von Valverde mit dem Auto über die HI-2 und HI-30

Hinter einem Tunnel reibst du dir die Augen: Die lang gezogene, weite Bucht liegt in völliger Abgeschiedenheit und landschaftlich äußerst reizvoll zu Füßen einer gewaltigen, zum Teil 800 m hohen, steil aufragenden Felswand. Ihr Wahrzeichen ist die markante, der Küste vorgelagerte Felsformation *Roque de la Bonanza*. Vor der überwältigenden Kulisse der Steilküste und des Felsens wird das Baden an den Kiesstränden der Bucht zu einem besonderen Erlebnis (aber bitte nur bei ruhiger See ins Wasser steigen!).

Am südlichen Ende der Bucht liegt das schönste Hotel der Insel, der ⭐ *Parador de El Hierro (tgl. | Ctra. General Las Playas 26 | Tel. 9 22 55 80 36 | parador.es | €€€).* Wer nicht einchecken möchte, der kann auf der wunderschönen Gartenterrasse einen Kaffee trinken und dabei den herrlichen Meerblick genießen.

INSIDER-TIPP
Kaffee in Felsarena

Wenn dich beim Wandern oder Baden der Hunger überkommt, bietet am Nordende der Bucht das Bar-Restaurante *Bohemia (Di geschl. | Las Playas 36 | Tel. 9 22 55 83 80 | €€)* Snacks und einfache kanarische Küche. 🔲 *H6*

Am Roque de la Bonanza badet es sich entspannt nur bei ruhiger See

3 LA CALETA

9 km/15 Min. südöstl. von Valverde mit dem Auto über die HI-2 und HI-3

Den kleinen, verschnarchten Küstenort La Caleta hast du vielleicht schon beim Landeanflug gesehen – er liegt unmittelbar neben dem Fughafen. Für die Bucht La Caleta hat die Europäische Union 3 Mio. Euro locker ge-

mischen gerne einen Imbiss zu sich nehmen. ⌂ *K4*

4 TAMADUSTE

9 km/12 Min. nordöstl. von Valverde mit dem Auto über die HI-2 und HI-3

Noch ein Stück weiter liegt der Badeort Tamaduste (450 Ew.) mit seinen weißen, kubischen Häusern an die

Vom Mirador de la Peña hast du einen wunderbaren Blick aufs Meer

macht, um dem Meer Bassins abzutrotzen, in die du über Treppen und Leitern steigen kannst. An ruhigen Tagen ist Schnorcheln möglich. Auf überdachten Terrassen kannst du picknicken und grillen. Vielleicht macht es dir auch Spaß, die nahe der winzigen Kapelle in einen Basaltfelsen geritzten Schriftzeichen zu suchen – geheimnisvolle Botschaften der Ureinwohner. Oder du kehrst ein im Fischrestaurant *Yesimar (tgl. | Tel. 9 22 55 04 32 | €)*, wo auch die Einhei-

schwarzbraune Kulisse des Vulkanbergs *Cancela* gelehnt.

INSIDER-TIPP
Feiner Fjord

Das klare, ruhige Wasser des vorgelagerten Naturhafens macht sofort Lust zum Hineinspringen. Liebevoll wurde hier ein Badeplatz gestaltet, mit Treppen, einem Sprungbrett und großzügigen Liegeflächen. Bunte Boote schaukeln auf dem bei Niedrigwasser nur knöcheltiefen Wasser, in dem dann auch Kinder und Nichtschwimmer angstfrei planschen können.

Da Tamaduste am Wochenende ein beliebtes Ausflugsziel der Herreños ist, gibt es mehrere Lokale: Im *Bimbache (Do geschl. | Calle los Cardones 7 | Tel. 9 22 96 90 88 | €€)* bekommst du ausgezeichnete Fischküche, kanarische Hausmannskost mit Herreño-Wein im *Tamaduste (Di geschl. | C/ Tabaiba 7 | Tel. 9 22 55 01 77 | €)*. ▭ *K3*

5 CHARCO MANSO ❧

7 km/15 Min. nördl. von Valverde mit dem Auto über die HI-15 und HI-151
Gleich hinter dem Ortsausgang Valverdes Richtung Hafen zweigt nach links eine kleine Straße zum Ort Echedo ab, die bei *Las Salinas* am Meer endet. Inmitten der wilden, zerklüfteten Küstenregion liegt die enge Bucht Charco Manso, eingebettet in die grandiose Kulisse einer Vulkanlandschaft aus Grotten, Höhlen und Felsentoren.

INSIDER-TIPP
Walking on the wild side

Durch Lücken im Gestein schießen haushohe Wasserfontänen nach oben, ein tolles Naturschauspiel. Allerdings solltest du nicht zu dicht an sie herantreten – auch aus sicherer Entfernung lassen sich gute Fotos machen.
Der attraktive Badeplatz mit Grillstelle bietet ausreichend Schatten. Die Hinweisschilder bzgl. der starken Brandung sind unbedingt zu beachten! ▭ *J2–3*

6 POZO DE LAS CALCOSAS

8 km/12 Min. nordwestl. von Valverde mit dem Auto über die HI-5 und HI-100
Über eine kurvenreiche Straße am Ortseingang von Mocanal erreichst du die aussichtsreiche Steilküste. Von der Abbruchkante schlängelt sich eine steile Treppe in zehn Minuten zum Geisterdorf Pozo de las Calcosas direkt am Meer, das nur im Sommer bewohnt wird. Die zwei natürlichen Becken sind zum Teil betoniert und bieten sich bei ruhiger See zum Baden an. Allerdings doht Steinschlag! Deshalb bitte auf „verdächtige" Geräusche achten oder sich mit der Aussicht von oben begnügen. ▭ *H3*

7 MIRADOR DE LA PEÑA ★

9 km/13 Min. westl. von Valverde mit dem Auto über die HI-5 und HI-10
Der verwegen an der Abbruchkante hängende Aussichtspunkt am westlichen Ortsrand von Guarazoca ist ein Meisterwerk von César Manrique, dem berühmten Landschaftskünstler aus Lanzarote. Bruchlos fügt sich der Mirador in die Felswand ein. Durch die komplett verglaste Frontseite genießt du einen fantastischen Blick auf das Golftal, das Meer und die *Roques de Salmor*, eine der Steilküste vorgelagerten Felsgruppe.
Auch der Innenraum ist kunstvoll gestaltet – kanarische Pflanzen baumeln von Decke und Wand. Der Künstler wünschte sich, dass Besucher an diesem ungewöhnlichen Ort auf hohem Niveau kanarisch speisen können. Leider kann davon keine Rede sein: Die Qualität des Essens hält dem Ambiente nicht stand. Besser ist es, ein Getränk an der Bar zu bestellen und sich den zwanzigminütige Dokufilm über die Insel anzuschauen *Aussichtsrestaurant (tgl. | Tel. 9 22 55 03 00 | Film gratis | ⏱ 30 Min. | €€€)*.

Ein Stück weiter südostwärts Richtung Las Montañetas kannst du im Laden *Artesanía y Sueños (tgl. | Ctra. Jarales 1)* Schönes entdecken. Das Sortiment bietet „von allem etwas", von Mitbringseln aller Art über Handwerkliches aus El Hierro wie Töpfereien, Webereien und Holzarbeiten bis hin zu Honig und Wein. ⌑ *H4*

8 MESETA DE NISDAFE

10 km/13 Min. südwestl. von Valverde mit dem Auto über die HI-1 und H-10

Die fruchtbare Hochebene, die sich auf etwa 1100 m Höhe erstreckt, ist einmalig auf den Kanarischen Inseln und ein wunderbares Wandergebiet. Die in den Wintermonaten und im Frühling sattgrünen Wiesen und Wei-

---

SÜSSE ANANAS

Seit vielen Jahren wird auf küstennah gelegenen Plantagen in El Golfo Ananas angebaut. Einer der Mitinitiatoren war der Münchner Walter Plößl. Der umtriebige frühere Boxer und Bergungstaucher, der in den 1970er-Jahren auf El Hierro gelandet war, beteiligte sich mit einigen Einheimischen am Kauf einer ganzen Schiffsladung von Setzlingen im afrikanischen Guinea. Das Risiko hat sich gelohnt, der Anbau der leckeren Tropenfrucht auf der Insel gelang, und seitdem sind die reif geernteten, kleinen und süßen *piñas* in fast jedem Lebensmittelgeschäft auf El Hierro erhältlich.

---

den werden von Steinmauern durchzogen. Man könnte meinen, in Irland zu sein, wären da nicht die rotbraunen Vulkankegel, die wie dunkle Eisberge in einem Meer von Grün treiben. Gemächlich ziehen Schafs- und Ziegenherden mit ihrem Schäfer durch diese weite Landschaft. Schatten finden sie im Sommer unter mächtigen Zedern- und Eukalyptusbäumen oder in duftenden Kiefernhainen. Feigen- und Maulbeerbäume sorgen für die nötige Wegzehrung. Malerisch überwuchern Schlingpflanzen und rot blühende Kakteen die Ruinen verfallender Natursteinhäuser.

Die Hochebene liegt in der Zone der Passatnebel, die besonders in den Wintermonaten der Landschaft etwas Geheimnisvolles verleihen. Im Frühling verwandelt sich die Hochebene in einen farbenprächtigen Blütenteppich. Im Sommer brennt die Sonne auf das Land und dörrt es aus. ⌑ *H4*

9 MIRADOR DE JINAMA

11 km/15 Min. südwestl. von Valverde mit dem Auto über die HI-1 und HI-35

Der Aussichtspunkt mit einer kleinen Kirche klebt am Rand einer über 1200 m senkrecht abfallenden Steilwand. Du schwebst hier buchstäblich über dem Golftal, und der Blick ist überwältigend. Der Wanderweg Camino de Jinama hinunter nach La Frontera startet bei der Aussichtsplattform und gehört zu den schönsten der Insel. Hier täte Carsharing gut, damit man nicht wieder hoch laufen muss. Nimm am besten von La Frontera ein Taxi zurück. ⌑ *G–H5*

Wundersame Wasservermehrung beim Árbol Santo, dem Heilige Baum

🔟 SAN ANDRÉS

8 km/10 Min. südwestl. von Valverde mit dem Auto über die HI-1

Das verschlafene Bauerndorf erwacht nur einmal im Jahr zum Leben: Am ersten Junisonntag wird hier die sehenswerte *Fiesta de Apañada* gefeiert. Im Mittelpunkt steht dabei der Viehmarkt, für den Ochsen, Schafe und Ziegen zusammengetrieben werden. **Ein besonderer Spaß ist es, die meist sehr verwegen aussehenden Hirten beim lautstarken Feilschen zu beobachten.** Neben der Prämierung der schönsten Tiere bietet das Rahmenprogramm Pferderennen und den traditionellen Ringkampf *Lucha Canaria.*

Der Ort bietet sich durch seine zentrale Lage als Ausgangspunkt für Rundwanderungen in die Hochebene an. Gut zu erreichen ist der nahe gelegene „Heilige Baum", der *Árbol Santo.* Der legendäre Lorbeerbaum *garoé* (Regenbaum) versorgte schon zu Zeiten der Ureinwohner die ansonsten wasserarme Insel mit dem lebensnotwendigen Nass. Gut geschützt durch eine Felsnische, kondensierten an seinen Ästen die Passatwolken. Das abtropfende Wasser sammelte sich zu seinen Füßen in Mulden aus Basaltgestein. Anfang des 17. Jhs. zerstörte ein heftiger Sturm den riesigen Baum, der erst Mitte des 20. Jhs. neu gepflanzt wurde. Der Wunderbaum ist heute im Inselwappen abgebildet. Das Infozentrum *Centro de Interpretación del Garoé (tgl. 10–18 Uhr | Eintritt 2,50 Euro | ⏱ 15. Min.)* erläutert seine Geschichte.

Hunger bekommen? In der *Casa Goyo (Mo geschl. | C/ Jarera 11 | Tel. 9 22 55 12 63 | €€)* an der Hauptstraße bekommst du Deftiges und Kräftiges.

INSIDER-TIPP
Viehisch gut

Den besten Käse von El Hierro kaufst du vormittags in der *Landwirtschaftskooperative von Isora (Mo–Fr 8–14, Sa 9–13 Uhr | 1. Stock, dem Schild „venta de queso" folgen)*. Du findest sie in *El Majano*, an der Straße von San Andrés nach Valverde. Angeboten werden: *Queso fresco*, ein Frischkäse ähnlich dem italienischen Ricotta, *Queso ahumado*, der berühmte Räucherkäse, und *Queso curado*, ein reifer, gelagerter Hartkäse. Den Käse kannst du dir zum Transport nach Hause in Folie luftdicht einpacken lassen. 🗺 *H4–5*

🔟🄰 RAYA DE LA LLANÍA ⭐ 🏴

13 km/15 Min. südwestl. von Valverde mit dem Auto über die HI-1

Im Zentrum der Insel – zwischen der Abbruchkante des Golftals im Westen und dem Kiefernwald El Pinar im Süden – liegt El Hierros märchenhafter Lorbeerwald. Er wird von der gut ausgebauten HI-1 gequert. Von Valverde aus lohnt ein erster Stopp an der Kreuzung Raya de la Llanía, wo du den Wald auf einem markierten Rundweg *(Sendero de la Llanía)*, ca. 2 Std., kennenlernen kannst. Oder du steigst in 15 Minuten hinauf zum *Mirador de la Llanía* mit Tiefblick ins Golftal. Alternativ biegst du an der Kreuzung in die HI-45 ein, die zum Altarplatz *Cruz de los Reyes* und zu der „verzauberten" Quelle *Fuente de los Reyes* führt (beides ausgeschildert). 🗺 *G5*

🔟🄱 ISORA

11 km/15 Min. südl. von Valverde mit dem Auto über die HI-1

Der weit verstreute Ort (ca. 500 Ew.) an der östlichen Abbruchkante der Insel bietet mit dem *Centro de Interpretación de la Reserva de la Biosfera (tgl. 10–18 Uhr | Eintritt 3 Euro | C/ Ferinto 32 | ⏱ 15 Min.)* ein kleines Museum, das Geologie und Geschichte der Insel vorstellt. Die eigentliche Attraktion des Orts sind zwei Aussichtspunkte: Südlich befindet sich der *Mirador de Isora*, wo du über 800 m senkrecht abstürzende Felswände in die Felsarena von Las Playas hinabblickst – winzig klein darin der *Roque de la Bonanza* und der *Parador*. Ein markierter Weg führt hinab (2,1 km) – Schwindelfreiheit, Trittsicherheit und gute Kondition sind erforderlich. Zurück geht es zu Fuß bzw. mit zuvor bestelltem Taxi (manchmal ist die Strecke wegen Steinschlag gesperrt). Auf dem Weg nach El Pinar lohnt der Abstecher zum

Wer schwindelfrei ist, hat am Aussichtspunkt Isora einen steil-schönen Abstieg vor sich

Mirador de las Playas, wo dir aus einer anderen Perspektive die Felsbucht Las Playas noch einmal zu Füßen liegt. ⌑ *H5*

LA RESTINGA

(⌑ *G–H8*) **Hier fühlt man sich wie auf einem andern Stern: Schwarze Lavawüsten, von Kegeln und Kratern durchsetzt, senken sich zur Südküste hinab. Eingebettet in die strenge Schönheit der Stricklavafelder liegt der kleine Fischer- und Ferienort La Restinga mit seinen gerade mal 350 Einwohnern.**

Viele Urlauber lockt das schöne Wetter nach La Restinga, wo an über 300 Tagen im Jahr die Sonne scheint. Wer direkt aus den oft nebelverhangenen und kühlen Hochebenen an die Küste kommt, reibt sich die Augen und genießt es, an der Hafenpromenade vor einer Bar zu sitzen und sich mit Sonne vollzutanken.

Das gute Wetter verdankt sich der Lage im Windschatten des Passats (s. S. 24). Die hohen Berge im Hinterland halten die Wolken fern, und selbst der Atlantik bewegt sich nur wenig. Das „Meer der Stille" wurde zur Reserva Marina, einem 750 ha großen Meeresschutzgebiet, das von der Punta La Restinga bis zum Faro de Orchilla reicht. Taucher erleben hier eines der aufregendsten Unterwasserreviere Europas. Im Oktober kommen zum Tauchfotofestival *Open Fotosub* Tauch-

Cale de Tacorón: Zum Schnorcheln ideal

fotografen aus aller Welt, um Barrakudas, Anemonen und Papageienfische abzulichten.

Das Leben in La Restinga ist auf den Hafen konzentriert. Fast täglich laufen Kutter aus und versorgen die Restaurants mit frischem Fisch. Gern feiern sie sich bei der *Fiesta de Pescadores* Anfang Juli und ehren ihre Patronin, die Heilige Carmen, mit einer bunt bewimpelten Bootsprozession Mitte des Monats.

ESSEN & TRINKEN

EL REFUGIO

Stimmungsvoll eingerichtetes Fischlokal, in dem du dich auf Anhieb wohlfühlst. Von der Decke baumeln die gewaltigen Köpfe von zwei Schwertfischen, raumfüllende Fotos zeigen El Hierros Unterwasserwelt. Schön sitzt

du auch auf der windgeschützten Terrasse! Der flinke Señor Manolo sagt dir, was sein Bruder am Morgen frisch gefangen hat. Im Sommer stehen oft Napfschnecken *(lapas)* auf der Karte – mit Knoblauch und Limettensaft einfach köstlich! Immer gut kommt *pescado a la plancha,* frischer Fisch, der so schonend auf heißer Platte gegart wird, dass er butterweich schmeckt. Süßschnäbel greifen zu den hausgemachten Desserts. *Mo geschl. | La Lapa 1 | Tel. 922 55 70 29 | €€–€€€*

INSIDER-TIPP
Schonend schlemmen

TASCA AVENIDA

Treffpunkt für Segler, Weltenbummler und einheimische Dominospieler an der Promenade. Hier wird Seemannsgarn gesponnen und Insiderwissen geteilt. Es gibt Hausmannskost und frisch gepresste Fruchtsäfte. *Tgl. | Av. Marítima 14 | Tel. 6 69 52 44 20 | €*

LA VIEJA PANDORGA

Küche und Ambiente des Hauses sind dem kanarischen Stil treu. Fischgerichte und Paella stehen hier ebenso auf der Speisekarte wie aufwendigere Risotti. *Di geschl. | El Rancho | Tel. 9 22 55 71 44 | €€€*

SPORT & SPASS

TAUCHEN

Das Tauchgebiet um La Restinga zählt zu den schönsten in Europa. Unmittelbar vor der Küstenlinie fällt der Sockel der Insel steil in das sehr tiefe und kristallklare Meer ab. Die vielfältige Unterwasserlandschaft mit tiefen Schluchten, schroffen Felsformationen und fischreichen Höhlen bildet einen Abenteuerspielplatz für erfahrene Taucher. Gute Nerven verlangt die Begegnung mit Hammerhaien, Barrakudas und riesigen Rochen.

Die Tauchschulen vor Ort bieten professionellen Service und unterscheiden sich auch preislich nur wenig. Der Tauchgang inklusive Boot, Führer, Flasche und Zubehör kostet etwa 40 Euro. Langjährige Erfahrung und immer noch top ist das *Centro de Buceo El Hierro (C/ El Rancho 12 | centrodebuceoelhierro.com)* mit Kursen und Unterwasserausflügen. Man kann auch ein Boot in Eigenregie mieten.

WANDERN

Lohnendes Wanderziel bei La Restinga sind die nahen Lavafelder um *Arenas Blancas*. Die dicken Zöpfe der Stricklava, wild ineinander geschobene Lavaplatten sowie rostbraune Vulkankrater vermitteln einen hautnahen Eindruck von den vulkanischen Ursprüngen der Insel. Für Farbtupfer sorgen die grünen Wuschelköpfe der Wolfsmilchgewächse.

STRÄNDE

Wem die schwarze Minibucht in La Restinga nicht reicht, fährt zur *Cala de Tacorón,* eine der schönsten Badebuchten der Insel (s. S. 94)

RUND UM LA RESTINGA

13 EL PINAR

15 km/20 Min. nördl. von La Restinga mit dem Auto über die HI-4

Oberhalb der kargen Lavafelder liegt auf 800 m Höhe dieser Gemeindeort (1500 Ew.) inmitten von Mandel- und Obstbäumen, Wiesen, Feldern und Gärten. Besonders das höhere Viertel *Las Casas,* eine der ältesten Ansiedlungen der Insel, ist mit seinen blumengeschmückten Natursteinhäusern einen Streifzug wert. Im Ortsteil Taibique lohnt die schöne, kleine Kirche *San Antonio Abad* einen Besuch. Über der traditionsreichen *Bar El Mentidero (€)* wurde das *Centro de Interpretación Geológica y del Geoparque (Di–So 10–18 Uhr | Eintritt 3 Euro | C/ Traviesa del Pino 50)* eingerichtet, das sich der Inselgeologie widmet. Schau dir auch das *Taller Caracol (C/ El Chamorro 55 | Tel. 9 22 55 81 43)* an: Paul

Hoyer stellt formschönen Schmuck aus Silber und Lavastein her.

Hast du inzwischen Hunger? Im *La Sabina (Mo geschl. | Carretera General de las Casas 20 | Tel. 9 22 55 89 90 | €€).* im Ortsteil Las Casas bekommst du deftige Fleischgerichte, gern Ziegenfleisch. Und fast nebenan, im Haus Nr. 16, bietet *Las Vetas (Mo–Mi geschl. | €)* reich belegte Pizza.

Spürst du Harzduft in der Nase? Der kommt vom nahen Kiefernwald *(El Pinar),* dem der Ort seinen Namen verdankt. Zwischen mächtigen, jahrhundertealten Bäumen versteckt sich der Picknick- und Campingplatz 🎪 *Hoya del Morcillo,* an dem die Herreños am Wochenende in Großfamilie feiern. In ausgelassener Stimmung wird gegrillt, gesungen, gelacht. Wer ein bisschen Spanisch spricht und gesellig ist, feiert mit! Derweil toben die Kinder auf dem angeschlossenen, rustikalen Abenteuerspielplatz mit seinen Wippen, Schaukeln und Kletterskulpturen. 📖 *G–H6*

🔟4️⃣ CENTRO DE INTERPRETACIÓN VULCANOLÓGICO

6 km/10 Min. nördl. von La Restinga mit dem Auto über die HI-4

Wenn du mehr über die Welt der Vulkane wissen willst, kommst du an diesem Infozentrum nicht vorbei! Es liegt mitten im Lavafeld und fügt sich mit seinen Natursteinmauern gut in die Landschaft ein. Eine interaktive Videoshow stellt die Entstehung der Kanaren vor. Außergewöhnlich sind die Aufnahmen und Filme des jüngsten Vulkanausbruchs vor La Restinga. Der Unterwasservulkan Eldiscreto kündigte sich am 16. Juli 2011 mit einer Serie von Erdstößen an. Dann schossen Rauch, Asche und Lavabrocken an die Meeresoberfläche, die Tage später noch bis zu 400 Grad heiß waren. Sogar auf Satellitenaufnahmen war ein mehrere Quadratkilometer großer grüner Schleier auf dem Meer zu sehen. Während die Bewohner von La Restinga evakuiert wurden, wuchs der „Diskrete" fast 300 m bis unter die Wasseroberfläche. Es fehlte nicht viel und eine neue Insel wäre entstanden … Die Erdstöße waren so stark, dass sie sogar auf den Nachbarinseln La Gomera und Teneriffa zu spüren waren. Seit jenem Jahr gibt es an abrutschgefährdeten Hängen Steinschlag, Straßen oder Wanderwege müssen deshalb oft gesperrt werden. Aber der Eldiscreto hat auch Positives bewirkt: Das der Insel von der Unesco verliehene Prädikat Geopark verdankt sie dem neuen Unterwasservulkan. *Di–So 10–18 Uhr | Eintritt 5 Euro | ⏱ 30 Min. | 📖 G7*

1️⃣5️⃣ CALA DE TACORÓN 🌴🐟

9,5 km/14 Min. nördl. von La Restinga mit dem Auto über die HI-4 und HI-410

Die Bucht ist über viele schmale Kurven über eine von der HI-4 nach El Pinar abzweigende Asphaltpiste erreichbar. Vorgelagerte Felsen haben ein natürliches Becken geschaffen, in das du über Metallleitern hinabsteigst. Bei der hier meist ruhigen See kannst du ohne Probleme baden und schnorcheln. Sand gibt es nicht, dafür gemauerte Liegeflächen. Unterstände aus Palmwedeln spenden Schatten, und für ein Picknick findest du Grillplätze und Trinkwasser! Toll ist

es hier in den Abendstunden, wenn die untergehende Sonne die rötlichen Vulkanwände in glühendes Licht taucht! 🛏 *F7*

vaplatten geritzten Schriftzeichen wurden 1873 von einem Pfarrer entdeckt und weisen Ähnlichkeiten mit dem Alphabet eines Berberstamms aus Libyen auf. Leider wurden die Schriftzeichen teilweise geraubt oder zerstört, aber immer noch wirken die verblie-

Was uns die Felszeichnungen der Bimbaches wohl verkünden?

16 CENTRO DE INTERPRETACIÓN PARQUE CULTURAL DE EL JULÁN

25 km/30 Min. nordwestl. von La Restinga mit dem Auto über die HI-4/HI-400

El Julán, das Gebiet der ausgedehnten Lavawüsten westlich von La Restinga, war einst das Hauptsiedlungsgebiet der Bimbaches, der Ureinwohner von El Hierro. Einer ihrer Versammlungsplätze *(Tagoror),* den ein Kreis von Steinen begrenzte, kann hier in rekonstruierter Form besichtigt werden. Nicht weit davon entfernt befinden sich die geheimnisvollen und berühmten *Letreros*. Die in glatte La-

benen Zeichen wie Botschaften aus einer anderen Welt.

Im *Besucherzentrum* (mit Café) werden sie und die Geschichte der Bimbaches vorgestellt. Mehrmals wöchentlich wird von hier eine vierstündige geführte Wandertour (auf Wunsch mit Jeep) zu den Felszeichen angeboten. Sie führt durch felsige Barranco-Rinnen mit großartigem Meerblick. Unbedingt Kopfbedeckung und Wasser mitnehmen! *Tgl. 10–18 Uhr | Eintritt 5 Euro, zzgl. 20 Euro für geführte Tour, vorherige Reservierung obligatorisch | Abzweig Straße HL 400 oberhalb von El Pinar, schmale*

Nostra Senora de los Reyes: Hier tobt alle vier Jahre der Bär

beschilderte Stichstr. zum Besucherzentrum | Tel. 9 22 55 41 09 | elpinar deelhierro.es | ⏱ 30 Min. | 🗺 F6

17 FARO DE ORCHILLA ⭐

37 km/1 Std. westl. von La Restinga mit dem Auto über die HI-4, HI-400, HI-500 und 5 km Piste

In der Antike galt dieser Punkt als das Ende der Welt, und später verlief hier der Nullmeridian. Heute markiert ein Leuchtturm *(faro)* diesen südwestlichsten Punkt Europas. Eine große Faszination geht von der Stille der Vulkanlandschaft aus, deren karge Lavafelder und Kegel durch ihre Formstrenge beeindrucken.

Nur wenig bekannt ist die große Höhle beim Leuchtturm. Der Eingang, eine Treppe aus Naturstein, liegt etwa 50 m in Richtung auf das Holzkreuz zu. Man braucht ca. 15 Minuten, um die Lavaröhre komplett zu durchwandern, dabei ist eine gute Lampe (und ausgezeichneter Orientierungssinn!) notwendig. Etwa in der Mitte gibt es eine Einsturzstelle, durch die das Tageslicht von oben einfällt. Wenn du dich beim hinteren Ausgang rechts an der Treppe vorbei in den abwärts führenden Tunnel zwängst, erreichst du kurz darauf die Stelle, an der früher die Lava ins Meer floss, und blickst wie durch ein Fenster hinaus aufs Meer.

Vor dem Leuchtturm biegt links eine Piste ab, die nach 1,5 km bei einem Badeplatz mit Grillstelle endet. Von einem betonierten Plateau aus gelangt man über eine Treppe problemlos ins Wasser. Baden ist allerdings hier wegen der unberechenbaren Unterströmung nicht ungefährlich. 🗺 C6

18 SANTUARIO INSULAR DE NUESTRA SEÑORA DE LOS REYES

31 km/40 Min. nordwestl. von La Restinga mit dem Auto über die HI-4 und HI-400

Auf ins spirituelle Zentrum der Insel! In der *Ermita de los Reyes (Mo geschl.)* schlägt für alle frommen Seelen das Herz El Hierros. Wer Pomp erwartet, ist allerdings an der falschen Adresse. Bei der Ermita handelt es sich um eine kleine, asketisch schlichte Kapelle. Ringsum ist sie von einer Wehrmauer umgeben, die ebenso weiß ist wie sie selbst: ein trutziger Flecken inmitten der einsamen Hügellandschaft der Dehesa. In der Kapelle steht die Figur der *Virgen de los Reyes*, seit 1546 Schutzpatronin der Insel. Alle vier Jahre (2021, 2025) wird sie in einer gewaltigen Prozession, der *Bajada de la Virgen de los Reyes,* 28 km über die Hochebene nach Valverde getragen. Hast du Lust auf einen Spaziergang? Dann folg dem Wegweiser zu den nahe gelegenen *Cuevas de Caracol* (Muschelhöhlen), die einst den Hirten als Schutzhütte dienten – heute fahren sie lieber im Jeep nach Hause! *Mo geschl.* ⏱ *15 Min.* | ▥ *D6*

🔟 EL SABINAR ★

37 km/1 Std. nordwestl. La Restinga mit dem Auto über die HI-4 und HI-400

Unweit der *Ermita de los Reyes* liegt der berühmte Wacholderbaumhain El Sabinar, wo ein starker Wind pfeift. Er hat die knorrigen Bäume in einen Drehwuchs gezwungen und bis auf die Erde gebeugt. Die mehrere Hundert Jahre alten Wacholderbäume erinnern an Riesen-Bonsais und sind ein Wahrzeichen der Insel. Sie stehen zwischen verwitterten Lesesteinmauern und grünen Wolfsmilchgewächsen an einem sanft zum Meer abfallenden Hang. Besonders beeindruckend wirken sie, wenn ihre bizarren Formen in die vom Wind gepeitschten Passatnebel getaucht werden. ▥ *D5*

🔟 MIRADOR DE BASCOS

38 km/1 Std. nordwestl. La Restinga mit dem Auto über die HI-4, HI-400, HI-500, zuletzt über Piste

Wie ein Balkon hängt der Aussichtspunkt an der Abbruchkante zum Golftal. Zwar ist er wegen Absturzgefahr nicht zugänglich, doch gleich nebenan bietet sich ein gleichfalls atemberaubender Tiefblick auf ein Patchwork aus grünen Feldern und Spielzeughäuschen vor dem Hintergrund des Meeres. ▥ *D5*

VALLE DEL GOLFO

(▥ G5) **Das** ★ **Valle del Golfo im Nordwesten entwickelt sich zum beliebtesten Urlaubsziel der Insel.** Beeindruckend sind die landschaftlichen Gegensätze, die im Golftal aufeinanderprallen. Die mächtigen, über 1200 m steil aufragenden Felswände geben einen guten Eindruck von der Größe des einstigen Vulkanbergs, der zur Hälfte ins Wasser absackte und ein riesiges Stück der Insel mit sich riss. Das so entstandene Halbrund ist weitläufig und fruchtbar. ⚑ Auf den Terrassenfeldern an den Hängen wächst einer der besten Weine der Kanaren. Die Marke ⚑ Viña Frontera darf sich mit dem staatlichen Gütesiegel

schmücken. Im Golftal mit seinem warmen und windgeschützten Klima gedeihen auch viele Exoten, darunter Ananas und Bananen.

Eine gute touristische Infrastruktur finden Urlauber in den dicht beieinander liegenden Ortsteilen *La Frontera* und *Tigaday,* und auch unmittelbar an der Küste entstehen Unterkünfte und Lokale. Sandstrände sucht man im Golftal jedoch weitgehend vergeblich, dafür gibt es schöne Naturpools.

ZIELE IM VALLE DEL GOLFO

21 LA FRONTERA

Kommst du vom Hochland ins Golftal, so ist dies der erste Ort, den du passierst – nicht umsonst heißt er „die Grenze". La Frontera besteht aus einer Handvoll Häusern, die sich um die mächtige Pfarrkirche *Iglesia de Nuestra Señora de la Candelaria* scharen. Schon von Weitem ist sie sichtbar: Der Glockenturm steht exponiert auf einem Lavahügel und bildet vor einer schroffen Steilwand ein beliebtes Fotomotiv.

INSIDER-TIPP
Glockengeläut im Sonnenschein

Die beste Zeit zum Ablichten des Glockenturms ist der frühe Nachmittag, wenn die Kirche von der Sonne beschienen wird. Im Inneren überrascht die Kirche mit drei Schiffen, die von einer Mudéjardecke überspannt sind.

Hinter der Kirche erinnert der kreisrunde *Campo de Lucha,* der Kampfplatz der kanarischen Ringer, an eine Stierkampfarena. Doch hier geht es fairer zu. Der streng reglementierte Ringkampf geht in einer langen Tradition bis auf die Ureinwohner der Insel zurück und erfordert von den meist schwergewichtigen Kämpfern gleichermaßen Kraft und Geschicklichkeit – Gewaltanwendung ist tabu! Jahrelang stellte El Hierro den Meister in dieser beliebten kanarischen Sportart. *G4*

22 TIGADAY

Wenn es ein urbanes Zentrum im Golftal gibt, dann ist es Tigaday. Zwar kann es keine Sehenswürdigkeiten vorweisen und zeigt sich mit seiner modernen Architektur eher nüchtern, doch im Vergleich mit anderen Orten der Insel tobt hier das Leben. In Tigaday findest du die meisten Läden und Lokale, nette Bars, in denen gern auch Einheimische einkehren, einen Supermarkt, einen Busbahnhof und sogar eine Markthalle. Auf einem großen Platz landen Paraglider, Agenturen für Mountainbiking, Tauchen und Wandern haben sich positioniert. *F5*

23 MUSEUMSDORF GUINEA ★ 👥

Die strohgedeckten Häuser aus Naturstein wurden über- und unterirdisch originalgetreu eingerichtet und vermitteln ein lebendiges Bild vom Alltag der Herreños anno dazumal. Das Dorf liegt an der Straße nach Las Puntas vor steil aufragender Felswand, bruchlos fügen sich die Natursteinhäuser in die Umgebung ein.

Ans Dorf angeschlossen ist das *Lagartario (Eintritt und Öffnungszeiten wie das Museumsdorf),* eine Zuchtsta-

Das Freilichtmuseum Guinea gibt den Blick frei in die Vergangenheit

tion für El Hierros Rieseneidechsen. ==Hier erfährst du alles über das seltene Tier und kannst es in mehreren Schauterrarien live sehen.== Die urzeitlich anmutenden Tiere sind nicht so riesig, wie der Name vermuten lässt. Sie erreichen eine Länge von bis zu 70 cm. Spaß macht es, bei ihrer Fütterung dabei zu sein. Zum Abschluss der Tour wird der 90 m lange Lavastollen *Cueva de Guinea* besichtigt. *Tgl. 10–18 Uhr, Führungen auf Englisch/ Spanisch/Deutsch alle 30 Min. | Eintritt 9,50 Euro, Kinder bis 11 Jahre frei | Anmeldung unter Tel. 9 22 55 50 56 | ⏱ 1 Std. | ▥ G4*

24 LAS PUNTAS

Kleine Kaps *(puntas)* preschen ins Meer vor. Auf einer der Landzungen liegt *Punta Grande*, das bis vor Kurzem kleinste Hotel der Welt. Wellen brechen sich an den Felsnadeln, während landeinwärts die Steilwände des *Risco de Tibataje* in den Himmel ragen – eine grandiose Szenerie! Das 2 km entfernte Naturschwimmbecken *La Maceta* (s. unten) erreichst du von hier zu Fuß auf dem gelb markierten Wanderweg PR-EH 8.1. ▥ G4

25 LA MACETA

Von der durch Bananenplantagen verlaufenden Hl-550 führt ein asphaltierter Stichweg zur Bucht La Maceta, in der sich ein herrlich gelegenes Meeresschwimmbecken verbirgt: ==Du drehst seelenruhig deine Runden, während sich wenige Meter entfernt die Brandung bricht.== Für den Nachwuchs wurde ein eigenes Becken geschaffen. Es gibt Duschen und WC, oberhalb der Klippen. Im *Kiosco Sunset La Maceta (tgl. ca. 10–21 Uhr | Calle Los Arroyos | Tel. 6 06 70 15 86 | €)* oberhalb der Klippen kannst du dir etwas zu trinken bestellen, kleine Fischgerichte sind auch oft im Angebot. Es lohnt sich, abends zu kommen. Dann erlebst du hier einen herrlichen Sonnenuntergang und kannst darauf anstoßen, dass es im restlichen Europa zu diesem Zeitpunkt schon dunkel ist. *G4*

26 CHARCO AZUL

Der schöne Strand ist nicht ganz leicht zu erreichen: Vom Parkplatz führt ein zehnminütiger Weg aus unebenen Lavasteinen zur Küste hinab, wo sich der „Blaue Tümpel" in einer Lavagrot-

te versteckt – bei Ebbe eine herrliche Badewanne mit kristallklarem Wasser. Auch Liegeflächen fürs Sonnenbad und Grillöfen gibt es. Allerdings sollte man hier nur bei ruhigem Wasser ins Wasser gehen! *F5*

27 POZO DE LA SALUD

Hier sollen wirklich Wunder geschehen … Bereits seit 1830 wird dem salzigen Wasser aus dem „Gesundheitsbrunnen" *(pozo de la salud)* heilende Wirkung nachgesagt. Zahlreiche angebliche Wunderheilungen festigten seinen Ruf. Erfolgreich betrieb hier jahrzehntelang die Heilerin Doña Rosa einen einfachen und etwas skurrilen Badebetrieb, der auf die verdauungsfördernde Wirkung des schwefelhaltigen Wassers setzte.

Im Meeresschwimmbecken La Maceta bist du der Brandung ganz nahe

Die Tradition führt das Kurhotel *Balneario Pozo de la Salud* fort.  Bringst du eine Flasche mit, kannst du sie dir an der Rezeption des Hotels mit Mineralwasser abfüllen lassen *(tgl. bis 15 Uhr).* ⌂ D–E5

28 SABINOSA

Seinen melodischen Namen hat der Ort (200 Ew.) von den Wacholderbäumen (s. El Sabinar S. 97). Von der Hochebene wuchsen sie bis fast zur Küste hinab. Die knorrigen Bäume mussten Anbauflächen weichen, denn das Mikroklima in diesem Teil des Golftals ist feucht und kühl – ideal für die Landwirtschaft. So wurden in die Steilflanken Terrassen geschlagen, auf denen Wein, Obst und Gemüse wachsen.

In dem Ort mit den weiß gekalkten Häusern geht es beschaulich zu – niemand lässt sich durch das oft neblig-wolkige Wetter die Laune verderben. Wanderer starten hier zur Tour auf die *Dehesa,* das zum Ort gehörige kommunale Weideland: Auf dem historischen Verbindungsweg bewältigen sie in kurzer Zeit 500 m Höhenmeter – eine echte Ochsentour! ⌂ E5

ESSEN & TRINKEN

LA CASA DE ABAJO

Hier fühlst du dich sofort wohl: helle Holzmöbel im Retro-Look schaffen ein gutes Ambiente, du bestellst starken Kaffee und hausgemachten Kuchen, Smoothies und reich belegte Brote

(pulguitas). Auch Craft-Bier von den Nachbarinseln ist zu haben. *Calle Tigaday 25 | Tigaday | €*

GARAÑONES

Seit vielen Jahren bewährt: Hier kommt Frisches, auch aus dem eigenen Garten, auf den Tisch. Gefrorenes wird auf der Karte explizit ausgewiesen. Probier doch mal Napfschnecken oder frittierte Muräne. Schön sitzt du auf der kleinen Straßenterrasse zum Sonnenuntergang. *Mi geschl. | C/ Cascadas del Mar 3 | Las Puntas | Tel. 6 49 50 96 96 | restaurantegaranones. es | €€€*

PUNTA GRANDE

Die exponierte Meereslage im einst „kleinsten Hotel der Welt" diktiert die Deko: Schiffslampen baumeln von der Decke, an dunklen Natursteinwänden hängen bronzene Schiffsplaketten, in der Ecke steht ein Taucheranzug von anno dazumal. Toll sitzt man auch auf der Terrasse und schaut dem Wellenspektakel zu. Die Küche ist hochpreisig, wird aber ihrem guten Ruf gerecht: Paella mit roten Gambas, Garnelen-Risotto, Hummerkrabben. Reservierung nötig. *Mi geschl. | Las Puntas | Tel. 9 22 69 16 93 | hotelpuntagrande.com | €€€*

SHOPPEN

TERRAMARE

Gut sortierter Bioladen in der zentralen Einkaufsstraße von Tigaday – hier findet man auch El-Hierro-Produkte, z. B. Honig, Käse und Wein. *C/ Cruz Alta 10 | Tigaday*

INSIDER-TIPP
Wunderwasser

Paragliding über traumhafter Landschaft – und El Hierro liegt dir zu Füßen

FÁBRICA QUESADILLAS
LA HERREÑA

Neben den klassisch herreñischen Käsetörtchen, die Süßschnabel süchtig machen, gibt es in diesem Gebäckgeschäft eine große Auswahl an Kuchen und Torten, die richtig gut schmecken. *C/ Las Lajas 4 | La Frontera | an der Straße nach Las Puntas*

MERCADILLO

Jeden Sonntag trifft sich die Szene auf dem Markt: In der Halle bzw. davor kaufen Einheimische und Zugereiste (Bio-)Obst und Gemüse, Inselwein und Süßes, frisch gebackenes Vollkornbrot, Käse und Wurst. Kunsthandwerker sind ebenfalls als Aussteller dabei, Korbflechter, Holzschnitzer sowie Schmuckdesigner bieten originelle Souvenirs. Auch ein Secondhandstand ist vertreten. Gute Stimmung garantieren musikalische Einlagen, Puppentheater und Karikaturenzeichner! *So 9–14 Uhr | Plaza Benito Padrón s/n | La Frontera*

INSIDER-TIPP
Kaufrausch à la Hierro

SPORT & SPASS

MOUNTAINBIKING

Schon die Website von *Mountainbike Active (C/ Corredera 9 | Tigaday | Tel. 6 69 15 75 67 (Andrea), 6 20 00 59 98 (Ralf) | tenerife-hierro-mtb.de/hierro)* stimmt mit fantastischen Inselbildern auf die Trails ein: Ralf und Andrea bieten organisierte Mountainbiketouren von „joy" bis „power",

Shuttle-Service in die Berge und Verleih von MTBs, E-Bikes und Rennrädern.

PARAGLIDING

Weltrekordler Ondrej Prochazka, ein zertifizierter Tandem- und Wettkampfpilot, bietet bei *Fly El Hierro (La Frontera | Tel 6 84 29 76 72 | flyelhiero.com/de | ab 80 €)* Tandem-Trips an: Du überfliegst die Insel und erlebst krasse Landschaftsgegensätze aus der Vogelperspektive – mehr Adrenalin geht nun wirklich nicht auf El Hierro!

WANDERN

Der Weg ist das Ziel: Ralf Hoffmeister *(Excursiones Ralf | C/ Matorral s/n | Valle del Golfo | Tel. 9 22 55 59 25, 6 28 03 99 41 | hierroholiday.com)* bringt dir die Insel auf den schönsten Wegen näher. Da er schon lange auf der Insel lebt, kennt er viele ihrer geheimen Geschichten und ist auch in der Inselflora bestens „bewandert". Einen besseren botanisch versierten Begleiter wirst du nicht finden!

NSIDER-TIPP
Dem Dornlattich hinterher

STRÄNDE

Im Meeresschwimmbecken von *La Maceta* (s. S. 99) kann man meist auch an windigen Tagen baden. Bei *Charco Azul* (s. S. 100) sollte man nur bei ruhigem Wasser ins Wasser gehen! Das gilt auch für die schöne *Playa del Verodal* im äußersten Inselwesten. Von der Steilwand droht Steinschlag, und die Strömung ist gefährlich!

WELLNESS

In der Anlage *El Sitio* (s. Kasten unten) kann man mit herrlichem Blick über das Golftal zum Meer an Yoga-, Thai-Chi- und Zazen-Kursen teilnehmen, auch ohne Hotelgast zu sein. Bei Bedarf schauen geschulte Masseure vorbei. Massagen und Entschlackungskuren werden im *Balneario Pozo de la Salud* (. S. 101) angeboten.

SCHÖNER SCHLAFEN AUF EL HIERRO

ZWISCHEN FELS UND MEER

Hinter dir die Steilwand des Golftals, in der Ferne das glitzernde Meer. Lass dich auf einer der Terrassen des Hotels *El Sitio (7 Apt. | C/ La Carrera 26 | La Frontera | Tel. 9 22 55 98 43 | elsitio-elhierro.es | €€)* nieder, umgeben von flammenden Exoten! Kleine Natursteinhäuser, die sich die Felsterrassen emporstapeln, fügen sich perfekt in die Kulisse ein. Besitzerin Sabine Willmann ist Inselpionierin in Sachen nachhaltiges Hotelmanagement.

STILLE VORM MEER

Auf der anderen Inselseite – am Fuß der Steilwand von Las Playas – erwartet dich der *Parador de El Hierro (47 Zi. | C/ Ctra. General Las Playas 26 | Tel. 9 22 55 80 36 | parador. es | €€€)*: das Vorzeigehotel von El Hierro mit viel Komfort, kolossalem Büfettfrühstück und tollem Küstenblick.

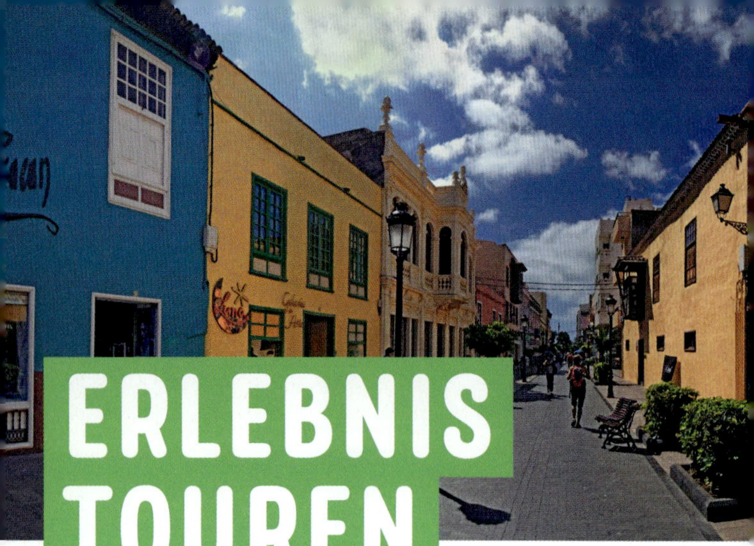

ERLEBNIS TOUREN

Lust, die Besonderheiten der Region zu entdecken? Dann sind die Erlebnistouren genau das Richtige für dich! Ganz einfach wird es mit der MARCO POLO Touren-App: Die Tour über den QR-Code aufs Smartphone laden – und auch offline die perfekte Orientierung haben.

❶ LA GOMERA PERFEKT IM ÜBERBLICK

➤ Raue Klippen, Lorbeerwald und die Sonne des Südens
➤ Ein Kaffee mit Kolumbus
➤ Göttlicher Blick übers Meer bis Teneriffa

📍 San Sebastián	🏁 San Sebastián
↻ 172 km	🚗 1 Tag, reine Fahrzeit 4 Std.

VON DER HAUPTSTADT ZU BANANENPLANTAGEN

Stärk dich in San Sebastián ➤ S. 44 auf der Plaza de la Constitución im Las Carabelas. Benannt ist es nach jenen Karavellen, mit denen Kolumbus von Gomera

Calle Real, San Sebastián

1492 in den Atlantik stach. In seinem Zeichen stehen die Sehenswürdigkeiten der Hauptstadt: das Alte Zollhaus, der Festungsturm Torre del Conde und die Casa de Colón.

Auf der GM-1 fährst du in den grünen Norden. Immer wieder lohnen Stopps, um einen Blick auf die festungsartigen Bergketten zu werfen. *Du erreichst* ❷ **Hermigua** ➤ S. 73 *inmitten von Bananenfeldern.* Besuch die alte Molino de Gofio ➤ S. 74 und das liebevoll eingerichtete Museo Etnográfico de la Gomera ➤ S. 74, wo du in Gomeras Alltagsgeschichte eintauchen kannst. Einen Besuch lohnt auch die Touristeninfo in einem kleinen Park mit exotischem Federvieh. *Ein Stück talabwärts bietet* Café & Bar Pedro ➤ S. 74 *Tapas mit Talblick.*

ZUM VULKANISCHEN URSPRUNG

Die GM-1 schraubt sich nach ❸ **Agulo** ➤ S. 71 *empor, das von einer gewaltigen Steilwand umrahmt ist.* Geh durch die stillen Gassen spazieren und wirf einen Blick in die Iglesia San Marcos. *Im Ort Las Rosas führt ein Abstecher zum Besucherzentrum* ❹ **Juego de Bolas** ➤ S. 72, *das über die vulkanische Entstehung Gomeras und seine Flora und Fauna informiert. Zwischen Besu-*

❷ **Hermigua**

7,5 km   5 Min.

❸ **Agulo**

9,5 km   12 Min.

❹ **Juego de Bolas**

2 km   5 Min.

La Gomera ❶

cherzentrum und angrenzendem Lokal führt ein Sträßchen zum ❺ **Mirador de Abrante** ➤ S. 73: einem Skywalk mit spektakulären Tief- und Weitblicken. Anschließend geht es zur GM-1 zurück und weiter nach ❻ **Vallehermoso** ➤ S. 68, dem „schönen Tal". Spaß macht ein Bummel durch das kleine Zentrum des Orts. Für ein süßes Picknick deckst du dich in der **Dulcería Delicias del Norte** mit herrlich Duftendem frisch Gebackenen ein (gegenüber dem Taxistand am Hauptplatz)! Verputzen kannst du die Küchlein in ❼ **Chorros de Epina** ➤ S. 69. Nahe dem gleichnamigen Ausflugslokal führt ein Weg zu einem lauschigen Platz mit Kapelle und Quelle.

Du fährst durch schönsten 🏴 Lorbeerwald *und erreichst die Kreuzung Apartacaminos. Hier hältst du dich Richtung* ❽ **Arure** ➤ S. 62, *wo du zum Aussichtspunkt der* **Ermita de Santo** *kommst. Von der Terrasse schaust du* in das tief zwischen Steilwänden gelegene Tal. *Am südlichen Ortsausgang lässt du dir eine* ⚑ *Gratis-Weindegustation in der* Bodega Vino Tinto *(Sa–Do 11–19 Uhr) schmecken, bevor es hinabgeht ins* ❾ Valle Gran Rey ➤ S. 53. Das „Tal des großen Königs" erscheint mit den grünen, terrassierten Flanken als Landschaftskunstwerk, Palmenhaine setzen exotische Akzente. Am Mirador de Palmarejo ➤ S. 61, einem architektonischen Meisterstück von César Manrique, blickst du in dramatische Tiefen, bevor du *5 km weiter den Ortsteil* La Playa ➤ S. 54 direkt am Meer erreichst. Hier stürzt du dich in die Fluten und aalst dich am Strand!

❾ Valle Gran Rey

WO DIE HEXEN TANZEN

Im Hafen Vueltas kannst du gut und günstig essen bei La Cofradía de Pescadores Nuestra Señora del Carmen *(tgl. | Tel. 9 22 80 61 19 | €). Mit Blick auf bunte Boote stärkst du dich bei Hausmannskost –* deine Barnachbarn sind oft Fischer. *Danach fährst du das Königstal wieder empor und biegst in Arure rechts ab. Über* Las Hayas ➤ S. 62 *erreichst du* ❿ El Cercado ➤ S. 62, *wo du Töpferinnen bei der Arbeit über die Schulter schaust. Wieder zurück in Las Hayas steuerst du rechts auf einer Nebenstraße den* Nationalpark Garajonay ➤ S. 76 *an. Oft ist der Lorbeerwald geheimnisvoll von Wolken durchzogen, eine Lichtung tut sich in* ⓫ Laguna Grande ➤ S. 77 *auf, einem ehemaligen „Hexentanzplatz". Spaß macht es, vom Infohäuschen auf einem Lehrpfad das Dickicht zu erkunden. Weiter geht es auf der GM-2 zur Kreuzung Pajarito. Hier wechselst du auf die GM-3, die dich in den Süden mit seinen sonnenverglühten Hängen bringt – größer kann der Kontrast zum Lorbeerwald kaum sein! Mittendrin liegt* ⓬ Alajeró ➤ S. 52 *mit einer schmucken Kirche, der* Iglesia de El Salvador *aus dem 16. Jh.*

> **INSIDER-TIPP**
> **Bei der Bruderschaft der Fischer**

TAPAS UND MOJITO

Du erreichst ⓭ Playa de Santiago ➤ S. 50. *An der Strandpromenade gibt es mehrere Terrassenlokale, etwas abseits liegt die urige Strandbar* La Chalana *dicht am Wasser, wo du Tapas genießt. Anschließend fährst*

34 km   26 Min.

❿ El Cercado

8,5 km   15 Min.

⓫ Laguna Grande

14 km   20 Min.

⓬ Alajeró

12,5 km   16 Min.

⓭ Playa de Santiago

31 km   38 Min.

❶ San Sebastián

du durch eine einsame Berglandschaft zur GM-2 hinauf, vorbei am Mirador Degollada de Peraza ➤ *S. 49.* Zurück in ❶ **San Sebastián** lässt du bei einem gut gemixten Mojito in der Terrassenbar **Cuba Libre** *(tgl. 10–1 Uhr | Plaza de las Américas 18)* begleitet von kubanischer Musik den Tag ausklingen.

❷ IM WILDEN WESTEN

➤ **Entlang einer Steilwand zu Tal mit Panorama satt**
➤ **Kapelle im Fels**
➤ **Exotische Säfte und grüne Smoothies**

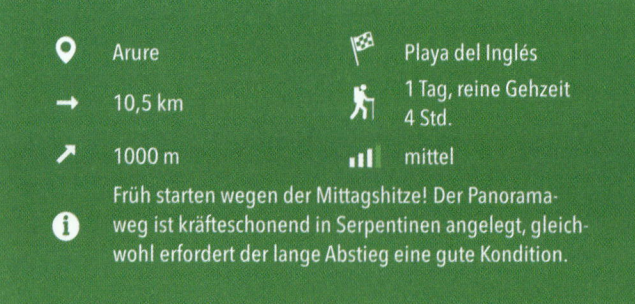

📍	Arure	🏁	Playa del Inglés
→	10,5 km	🥾	1 Tag, reine Gehzeit 4 Std.
↗	1000 m	▮▮▮	mittel

ℹ️ Früh starten wegen der Mittagshitze! Der Panoramaweg ist kräfteschonend in Serpentinen angelegt, gleichwohl erfordert der lange Abstieg eine gute Kondition.

SATTGRÜNE FELDER, TIEFE SCHLUCHTEN

❶ Arure

700 m   12 Min.

❷ Ermita de Santo

3,5 km   1,35 Std.

In ❶ **Arure** ➤ **S. 62** beginnt an der ersten Bushaltestelle – Bus 1 oder 6 vom Busbahnhof in Borbalán im Valle Gran Rey nehmen *(2 Euro/Pers. | guaguagomera. com)* – die Tour *gegenüber dem Restaurant El Jape am Ortseingang. Du folgst der GM-1 zwei Minuten geradeaus. Vor einer großen Rechtskurve verlässt du die Straße nach links mit dem Wegweiser „Ermita de Santo". Auf einem kleinen Abstecher läufst du unter einem Aquädukt hindurch und stößt auf die* ❷ **Ermita de Santo** ➤ **S. 62** deren Aussichtsterrasse einen überwältigenden Ausblick auf die Westküste bietet. *Nach dem Abstecher führt der Weg an einigen Häusern vorbei und biegt scharf nach rechts ab. Der Blick fällt auf das tief unten liegende Meer und die sattgrünen Felder um Taguluche. Über Stufen steigst du aufwärts zur Hoch-*

ebene, wo der Blick links auf den Barranco de Arure frei wird, später auch auf das Valle Gran Rey. *Der Weg führt nun gemächlich in Richtung auf den scharf geschnittenen Felskamm La Mérica ➤ S. 59 hinab.* Durch eine steinige Hochebene gelangst du zu einer verlassenen ❸ Finca mit Dreschplatz, der davon zeugt, dass hier früher Getreide angebaut wurde. *Kurz darauf markiert eine Steinpyramide den Einstieg zu einem Pfad, der dich zu einem ausgesetzten* ❹ Felssporn führt. Beschattet wird er von einem windgebeugten Wacholderbaum, unter dem du picknicken kannst. Wie eine Landkarte ausgebreitet liegt dir das Valle Gran Rey auf der einen und die Playa del Inglés mit der Steilküste auf der anderen Seite zu Füßen. *Zurück an der Steinpyramide folgst du dem Weg abwärts ins Tal. In vielen Kehren schraubt sich der Weg durchs Gesteinsmassiv hinunter zur Ortschaft* ❺ La Calera ➤ S. 53. Dabei genießt du Ausblicke auf das Tal und das weite Meer.

ENTSPANNUNG FÜR DIE FÜSSE

Nach dem langen Abstieg tut eine Stärkung gut. Bestell dir in der Zumería Carlos ➤ S. 55 einen frisch gepressten Saft! Viel Kraft gibt ein Avocado-Shake. Anschließend bummelst du auf der Straße nach ❻ La Playa ➤ S. 54 hinab, wo du baden gehen kannst. So viel Bewegung macht hungrig. Rustikal gomerisch isst du lecker bei Rosa und Julián im Trasmallo (tgl. | Av. de la Playa 3 | Tel. 9 22 80 62 72 | €€).

Nun bist du reif für eine Siesta – *über die Carretera Playa del Inglés erreichst du* den Kultstrand ❼ Playa del Inglés ➤ S. 60. Mit seinem dunklen Lavasand, der mit roten Klippen kontrastiert, ist er eine Augenweide, aufgrund starker Brandung aber ungeeignet zum Schwimmen. Roll dein Handtuch aus – du döst begleitet von Meeresrauschen!

INSIDER-TIPP
Rast im raren Schatten

❸ **Finca**		
	2 km	45 Min.
❹ **Felssporn**		
	2,5 km	1,20 Std.
❺ **La Calera**		
	800 m	13 Min.
❻ **La Playa**		
	1 km	14 Min.
❼ **Playa del Inglés**		

❸ IM ZERKLÜFTETEN GEBIRGE

➤ Schluchteneinsamkeit und Felsgiganten
➤ Besuch bei Urzeitrelikten
➤ Picknick bei der Schneejungfrau

📍 Mirador Degollada de Peraza

🏁 Degollada de Peraza

➡ 10 km

🚶 ½ Tag, reine Gehzeit 5 Std.

↗ 600 m

📊 mittel

ℹ 8 Uhr Abfahrt im Valle Gran Rey am Busbahnhof in Borbalán zum Startpunkt (hin und zurück 8 Euro/Pers.); zurück: 15.50 Uhr ab ❶ **Mirador Degollada de Peraza**. Häufige Fahrplanwechsel, bitte die Abfahrtzeiten vor Ort prüfen!

❶ **Mirador Degollada de Peraza**

4 km   3 Std.

❷ **Casa del Manco**

1,5 km   1 Std.

TIEFE SCHLUCHTEN, GRÜNE KIEFERN UND EIN IDYLLISCHER RASTPLATZ

Am ❶ Mirador Degollada de Peraza ➤ S. 49 genießt du den Tiefblick in die Schlucht und die sich dahinter türmenden Felsfestungen, *bevor du auf dem gelben Weg PR-LG 17 hinabsteigst. In vielen Serpentinen schraubt sich dieser mit Prachtblick ins Tal hinab. Nach ca. 20 Min. lässt du einen Rechtsabzweig unbeachtet und folgst dem Wegweiser Richtung La Laja. An einer Gabelung oberhalb des Dorfs biegst du links ein und folgst dem Wegweiser Richtung Roque Agando. In eng angelegten Kehren geht es hinauf* – Kiefernbäume spenden Schatten. Ein guter Ort für eine Pause ist die idyllisch gelegene Ruine ❷ Casa del Manco am Pass Degollada del Tanque.

ZU GOMERAS VULKANISCHEN URSPRÜNGEN

Du folgst dem links der Ruine startenden Weg aufwärts. Nun hast du die gigantischen Felsmonolithen Roque de la Zarcita und Roque de Ojila vor dir und fühlst dich in Gomeras vulkanische Urzeit versetzt. *Du erreichst die*

GM-2 und siehst zur Rechten den Felsgiganten Roque Agando. *Folgst du dem neben der Straße verlaufenden Trampelpfad nach rechts*, bietet sich vom Aussichtspunkt am ❸ **Mirador de Roque Agando** ➤ S. 50 ein Nahblick auf den „Greis". *Nach einigen Hundert Meter auf der Straße erreichst du einen weiteren tollen Aussichtspunkt*, den ❹ **Mirador de los Roques** ➤ S. 50, wo dir links der Barranco de Benchijigua und rechts der ⚑ Lorbeerwald zu Füßen liegt – mittendrin Los Roques, die beiden zerfurchten Felsbrüder.

Anschließend gehst du zur Stelle zurück, wo der Weg in die Straße mündete, und folgst der GM-2 gut 200 m südostwärts. Hier verlässt du den Asphalt auf einem steingepflasterten Pfad nach links (rot markiert GR-131 / Degollada de Peraza). Er führt dich zur ❺ **Ermita Virgen de las Nieves**. Die Kapelle ist oft verschlossen, aber immerhin kannst du durch ein Fenster blicken und den blumengeschmückten Heiligenaltar bewundern. Neben der Kapelle laden Holzbänke und -tische, Grillöfen und Wasser zum Picknicken ein. Von einem Aussichtsplatz schaust du weit Richtung Süden und stärkst dich für die letzte Etappe.

❸ **Mirador de Roque Agando**	
500 m	15 Min.
❹ **Mirador de los Roques**	
2 km	50 Min.
❺ **Ermita Virgen de las Nieves**	
2 km	40 Min.

Roque Agando:
Der Greis grüßt dich

❻ Degollada de Peraza

NACH DER KIRCHE GEHT'S ZUM KANINCHEN

An der Ermita folgst du einem Sträßchen, das du nach einigen Hundert Metern – vor einer Rechtskurve – nach links auf einer Piste verlässt (Wegweiser GR-131). Diese verwandelt sich in einen Weg und führt an einem umzäunten Grundstück vorbei. An der nächsten Kreuzung (Sendemast) hältst du dich geradeaus und steigst über Stufen zur GM-2 hinab. Die Straße führt links in wenigen Minuten zum Ausgangspunkt zurück. Du gehst ein paar Schritte weiter Richtung San Sebastián und lässt dich im Restaurant ❻ **Degollada de Peraza** *(tgl. ab 7 Uhr | Tel. 9 22 87 19 62 | €€)* bei Kressesuppe, Kaninchen und Inselwein mit gomerischer Hausmannskost verwöhnen – mit Blick auf die zerklüfteten Grate des Südens.

❹ EL HIERRO PERFEKT IM ÜBERBLICK

➤ Kontrast hoch drei
➤ Die Welt aus der Vogelperspektive
➤ Wunderquellen und Naturpools

📍 Valverde

 La Restinga

→ 126 km

🚗 1 Tag, reine Fahrzeit 4 Std.

Leere Plastikflasche (zum Abfüllen mit Mineralwasser) mitnehmen
ⓘ Erkundige dich vor der Fahrt bei der Touristeninfo, ob aufgrund von Erdrutschen Straßen gesperrt sind. Tankstellen gibt es nur in ❶ **Valverde**, ❹ **Tigaday** und ❺ **El Pinar!**

WO DIE RIESENREPTILIEN WARTEN

Du startest in ❶ Valverde ➤ S. 82, der Hauptstadt El Hierros. Kraft gibt ein deftiges Frühstück unter Einheimischen im Zabagú *(tgl. | C/ San Francisco 9 | Tel. 9 22 55 00 16 | €€). Auf der HI-5 fährst du zum* ❷ Mirador de la Peña ➤ S. 87. Dort erlebst du von der Natur inspirierte Architektur: Das in die Klippen eingelassene Ausflugslokal eröffnet den Blick auf das 1000 m tiefer gelegene Riesenhalbrund des Golftals. *Anschließend fährst du ein Stück zurück und biegst links Richtung Las Puntas / Tigaday ab. Durch einen 2,3 km langen Tunnel erreichst du das Golftal und hältst dich Richtung Guinea.* Ein Stopp lohnt am ❸ Museumsdorf Guinea ➤ S. 98: Das verlassene Dorf wurde zum Freilichtmuseum mit einer 90 m langen Höhle und einem Lagartario ➤ S. 98, in dem du El Hierros Reptilien kennenlernst. *Kurz danach kommst du nach* ❹ Tigaday ➤ S. 98, ins Zentrum des Golftals. Deck dich nach einem Bummel im Supermarkt Terencio *(C/ Tigaday Uno 2)* mit lokalen Kulinaria für ein Picknick ein. Die wichtigste Sehenswürdigkeit des Tals erwartet dich oberhalb im historischen Ortsteil ❺ La Frontera ➤ S. 98: Die Kirche Iglesia Nuestra Señora de la Candelaria überrascht mit einem Glockenturm, der wie eine eigenständige Kapelle auf einer Kuppe über dem Gotteshaus thront. *Von La Frontera geht's auf der HI-5 zurück zur Küste, wo du links einbiegst Richtung* ❻ Las Puntas ➤ S. 99. Am brandungsumtosten Kap steht das ehemals kleinste Hotel der Welt. Du spazierst längs der Küste westwärts, wo dich ein Holzplankenweg aufnimmt. *Du folgst ihm vorbei an bizarren Klippen und packst dein Picknick aus.*

GESUNDBRUNNEN UND FELSENZEICHNUNGEN

Zurück im Auto fährst du weiter bis ❼ La Maceta ➤ S. 99. Nimmt dort ein Bad im Naturschwimmbecken. Anschließend lockt die Strandbar Los Arroyos mit deftiger Kost. In ❽ Pozo de la Salud ➤ S. 100 lässt du dir an der Rezeption des Kurhotels Balneario Pozo de la Salud deine mitgebrachte Flasche gratis mit Mineralwasser aus dem „Gesundbrunnen" füllen. Genieß es auf der rustikalen, brandumtosten Küstenterrasse. *Auf der HI-500 geht's durch eine zerklüftete Vulkanland-*

❶ Valverde

10,5 km   13 Min.

❷ Mirador de la Peña

10 km   15 Min.

❸ Museumsdorf Guinea

3,5 km   5 Min.

❹ Tigaday

0,5 km   7 Min.

❺ La Frontera

8 km   14 Min.

❻ Las Puntas

5 km   28 Min.

❼ La Maceta

13 km   18 Min.

❽ Pozo de la Salud

6,5 km   16 Min.

❾ Playa del Verodal

13 km 28 Min.

❿ Faro de Orchilla

8,5 km 17 Min.

⓫ Santuario Insular de Nuestra Señora de los Reyes

3,5 km 7 Min.

⓬ El Sabinar

16,5 km 38 Min.

⓭ Parque Cultural de El Julán

8 km 15 Min.

⓮ Hoya del Morcillo

5 km 6 Min.

schaft, wo ein Abzweig zur **❾ Playa del Verodal** weist. Der Lavastrand taugt aber aufgrund gefährlicher Strömung eher zum Wassertreten als zum Baden! Wegen Steinschlag ist er oft gesperrt. *Dann windet sich die schmale HI-500 ca. 5 km in engen Kurven hoch zum Weideland Dehesa. Auf der ausgeschilderten Piste geht's nun ans „Ende der Welt", zum* **❿ Faro de Orchilla ➤ S. 96**. Tatsächlich fühlt man sich in dieser dunklen Einöde aus Lavagestein und Vulkankratern wie Robinson im Niemandsland. *Zurück auf der HI-500 und auf der HI-506 fährst du Richtung* **⓫ Santuario Insular de Nuestra Señora de los Reyes ➤ S. 96**. Nach dem Besuch der kleinen Ermita, des Heiligtums der Inselpatronin, führt ein ausgeschilderter Abstecher zum Wacholderhain **⓬ El Sabinar ➤ S. 97**. Mit ineinander verschlungenen Ästen kriechen die Bäume in verwegenen Formen knapp oberhalb des Bodens entlang – ein skurriler Anblick!

Du folgst der einsamen HI-400 über einen gewaltigen Hang, bis du rechts das Hinweisschild „Parque Cultural de El Julán" siehst. Du folgst der Stichstraße. Der einzige Bau weit und breit ist das Besucherzentrum des **⓭ Parque Cultural de El Julán ➤ S. 95** mit nahezu Hunderten rätselhaften Felszeichen der Bimbaches, der Ureinwohner El Hierros. Wenig später tauchst du in herrlichen Kiefernwald ein und kommst zum Picknickplatz **⓮ Hoya**

Der Nullmeridian verlief jahrhundertelang hier am Faro de Orchilla

4

OCÉANO

ATLÁNTICO

El Hierro

Bahía de
las Calcosas
Baja del Negro
Playa de Agache
Roque Salmor
Mirador El Golfo
Playa del Cantadal
Embarcadero
de Punta Grande
Las Puntas
Playas del Mulato
Punta
de la Sal
Punta Arenas
Blancas
Mirador de
El Rincón
Punta de
Verodal
Pozo de
la Salud
Bahía de
la Hoya
Monumento
al
General
Serrador
Bahía de
los Reyes
Santuario de Na Sra
de los Reyes
Punta del
Barbudo
Montaña
Colorada
Quemada
Tembárgena
Faro de
Orchilla
Playa
de las Coloradas
Playa
de los Mozos
Playa de
Tejeda
Playa
del
Cuervito
Playa de
Linés
El Río
El Julán
Los
Letreros
Montaña
La Empalizada
n Cueva del
Bucarón
Casas
Gruta los Mocanes
de lava n
Tigaday
Los
Llanillos
Los Palos
Blancos
Ventejea
Malpaso
Sabinosa
Las
Casas
Las Toscas
La Frontera
La Torre
Iziaque
La Cuesta
Las
Rosas
Los
Llanos
Tajace
de Abajo
Bermeja
Mirador
de las Playas
Las
Casas
Hoya del
Morcillo
El Pinar
El Río
Las
Lapillas
Restinga
Roque de Naos
La Restinga
Playa
de la
Herradura

Bahía de
los Pozos

Roque de Tibataje

Valverde
La Caleta
Puerto
de la Estaca
Cueva de la
Polvera
Tiñor
San
Andrés
Las
Montañetas
Erese
Jarales
Guarazoca
Tesbabo
Ermita
San Pedro
Echedo
Hoyo del
Barrio
Ermita
de
Santiago
Tamaduste
Playa
del Salto
Playas
Vargas
Casas Pozo
de las Calcosas
Punta Norte
Punta de
Amacas
Playa
de
Adentro
Playa de
Tijeretas
Playa de
Tijimiraque
Las Playecitas
Punta de Ajones
Playa de Fraile
Playa de las Almorranas
Playa de la Arena
Playa de los Cardones
Playa de los Calcosas
Punta de Miguel
Playa de Miguel
Playa Brava
Playa del Pozo
Playa del Cantadal
Punta de la Restinga
Parador

5 km
3.11 mi

del Morcillo ➤ S. 94, wo du Rast machst. In ⑮ **El Pinar**
➤ S. 93 schenkt Señor Manolo in der
Bar Chachi *(Mi geschl. | Tel.*
9 22 55 82 62 | €) zu Tapas hauseigenen
Wein aus. Weil Sohn Juanma ein bekannter Musiker ist,
erklingt oft Folkmusik, manchmal live. Nebenan, über
der Bar El Mentidero wartet das Museum **Centro de In-**
terpretación Geológica y del Geoparque. Mehr zum
Vulkanismus gibt's im ⑯ **Centro de Interpretación**
Vulcanológico ➤ S. 94 *auf halber Strecke Richtung Küs-*
te: Von O-Tönen untermalt, „erlebst" du einen Vulkan-
ausbruch und spazierst auf einem Lavalehrpfad.

Über dunkle Lavaströme senkt sich die Straße nach
⑰ **La Restinga ➤ S. 91** hinab. In dem Fischerort feierst
du den Abschluss der Tour in der **Tasca Restingolita**
(Do geschl. | Av. Marítima/Arenas Blancas | Tel.
6 89 44 80 29 | €–€€) bei frischem Fisch.

INSIDER-TIPP
Tapas & Folk

---

⑮ **El Pinar**

9 km   7 Min.

⑯ **Centro de**
Interpretación
Vulcanológico

5,5 km   8 Min.

⑰ **La Restinga**

GUT ZU WISSEN

DIE BASICS FÜR DEINEN URLAUB

ANKOMMEN

ANREISE

Die meisten Gomera-Urlauber nehmen von Teneriffa den Weg übers Meer. Der Fährhafen Los Cristianos im Süden Teneriffas liegt 15–20 Minuten vom Süd-Flughafen entfernt und ist

---

GRÜN & FAIR REISEN

Du willst beim Reisen deine CO_2-Bilanz im Hinterkopf behalten? Dann kannst du deine Emissionen kompensieren (atmosfair.de; myclimate.org), deine Route umweltgerecht planen (routerank.com) oder auf Natur und Kultur (gate-tourismus.de) achten. Mehr über ökologischen Tourismus erfährst du hier: oete.de (europaweit); germanwatch.org (weltweit).

---

mit Taxi oder Bus erreichbar. Mehrmals täglich fahren von hier Autofähren der Linien Fred Olsen und Armas nach San Sebastián de la Gomera (Fahrzeit 40–60 Min.) oder auch weiter nach Playa de Santiago und ins Valle Gran Rey. Der gesamte Transfer vom Flug- zum Fährhafen, die Schiffsüberfahrt und der Bus zum Ziel auf La Gomera kann unter auto busesmesa.es im Paket gebucht werden.

INSIDER-TIPP
Sorglospaket

Wer von La Gomera nach El Hierro will, muss via Los Cristianos reisen. Die aktuellen Verbindungen sind unter fred olsen.es und navieraarmas.com abrufbar. Der Bustransfer vom Hafen in die Hauptstadt Valverde ist auf die Ankunftszeit der Fähre ausgerichtet (transhierro.net).

Sowohl auf La Gomera als auch auf El Hierro gibt es einen Flughafen, beide werden jedoch von internationalen

Jets nicht angeflogen und haben untereinander auch keine Verbindung. So bleibt nur der Flug nach Gran Canaria und von dort weiter mit einer Propellermaschine der regionalen Fluggesellschaft Binter Canarias *(bintercanarias.com)* bzw. Canary Fly *(canaryfly.es).* Aufwendiger ist es, von Teneriffa weiterzukommen, da es auf dieser Insel zwei Flughäfen gibt: Teneriffa-Süd (Reina Sofía) und Teneriffa-Nord (Los Rodeos). Die meisten Maschinen aus Europa landen in Teneriffa-Süd, die regionalen Airlines nach La Gomera bzw. El Hierro starten

aber in Teneriffa-Nord – und der Transfer mit Bus bzw. Taxi dauert ca. 1,5 Stunden.

EINREISEBESTIMMUNGEN
Bürger der Europäischen Union werden bei der Einreise nicht kontrolliert. Gültige Ausweispapiere (für EU-Bürger reicht der Personalausweis) müssen aber mitgeführt werden.

KLIMA & REISEZEIT
Hauptreisezeit sind die Monate November bis April sowie die Monate Juli und August. Der Nordostpassat wirkt das ganze Jahr über wie ein kühlender Ventilator, die Temperaturen sind angenehm mild. Im Nordosten hinterlassen die Passatwolken ihre feuchte Fracht, während sich im Süden die Wolkenwalze rasch auflöst. Bei Südostwind kann sich vorübergehend auf der gesamten Insel das drückende Saharaklima ("Calima") mit

---

Adapter Typ C

Alle Hotels, Pensionen und Apartmenthäuser verfügen über 220 Volt.

Hitze, Dunst und Sand ausbreiten, Temperaturen von bis zu 40 Grad sind im Sommer keine Seltenheit. Im Winter bringt bisweilen der Westwind feuchte Regenwolken heran, die sich derart heftig entladen, dass durch die sonst trockenen Schluchten Sturzbäche fließen. In der Regel ist das Wetter das ganze Jahr über freundlich und mild.

 – 1 Stunde Zeitverschiebung

Kommst du von Europa, musst du auf den Inseln die Uhr um eine Stunde zurückstellen.

WEITER-KOMMEN

AUTO

In Ortschaften beträgt die Höchstgeschwindigkeit 50 km/h, ansonsten 80 km/h. Die Promillegrenze liegt bei 0,5. Anschnallen ist Pflicht, Führerschein und Ausweispapiere müssen mitgeführt werden. Es empfiehlt sich, die Vorschriften sehr genau einzuhalten, denn die Strafen sind drastisch. Telefonieren während der Fahrt ist nur mit Freisprechanlage erlaubt.

Im Vergleich zu anderen europäischen Ländern sind Benzin und Diesel auf den Kanaren billig. Selbstbedienung ist nicht erwünscht. Es ist ratsam, vor Inselrundfahrten zu tanken, denn auf La Gomera und El Hierro gibt es nur wenige Tankstellen.

MIETWAGEN

Wer sein Mietauto nicht vor dem Urlaub schon von Deutschland aus bucht, findet auf beiden Inseln viele Autovermieter. Preisliche Richtschnur für einen Wagen der Kategorie B (Kleinwagen), inklusive aller Nebenkosten und Vollkaskoversicherung mit geringer Selbstbeteiligung, sind 30 Euro pro Tag. Benötigt werden gültige Ausweispapiere und der Führerschein. Das Mindestalter beträgt 21 Jahre. Eine verlässliche kanarische Firma ist Cicar (Tel. 9 02 24 44 44 | cicar. com), die an allen Fähr- und Flughäfen Filialen unterhält und den bestens gewarteten Wagen auch zur Unterkunft bringt.

TAXI

Taxistände findet man in allen größeren Orten, am Hafen und am Flughafen. Allerdings sind sie ab etwa 22 Uhr nicht mehr besetzt. Meist kennt aber der Barmann oder der Apartmentbesitzer privat einen taxista, den er kontaktieren kann. Das gilt auch für kleinere Orte ohne Taxistand. Alle Taxis haben ein Taxameter, und man kann darauf bestehen, dass er eingeschaltet wird. Meist werden aber Festpreise mit den Kunden vereinbart. Auf jeden Fall vorher nach dem Preis erkundigen!

ÖFFENTLICHE VERKEHRSMITTEL

Alle größeren Orte sind mit dem Bus erreichbar. Startpunkt ist immer die jeweilige Hauptstadt. Bei Ankunft der Fähre warten Busse, die die wichtigsten touristischen Orte der Insel ansteuern. Die Busgesellschaft auf La

FESTE & EVENTS
RUND UMS JAHR

JANUAR
Los Reyes (Valle Gran Rey, San Sebastián): Heilige Drei Könige

FEBRUAR/MÄRZ
Carnaval: Riesengaudi auf den Inseln mit Königinwahl und Salsanächten

APRIL
San Marcos (Agulo): Männer springen am 24. April zu Ehren des Heiligen durchs Feuer.

JUNI/JULI/AUGUST
Fiesta de Apañada (San Andrés): Ganz El Hierro feiert am 1. Sonntag im Juni Viehmarkt mit Musik und Tanz.
Fiesta de la Virgen del Carmen (Valle Gran Rey, Vallehermoso, San Sebastián, Playa de Santiago): farbenprächtige Schiffsprozession am 16. Juli mit Kastagnetten-Sound
Bajada de la Virgen de los Reyes: Zu El Hierros größter Fiesta alle 4 Jahre (2021 wieder) im Juli ist die Insel über Wochen ausgebucht (Foto).

Bimbache-Openart-Festival (Valle del Golfo, El Hierro), *bimbache.info:* Im August treffen sich Topmusiker aus aller Welt zu Gratisworkshops und Konzerten von Jazz bis Worldmusic.

> **INSIDER-TIPP**
> **Großes auf kleiner Insel**

SEPTEMBER
Nuestra Señora de Buen Paso (Alajeró): archaisch-stimmungsvolle Wallfahrt zum Roque Calvario

OKTOBER
Open Fotosub (La Restinga), *openfotosub.es:* Unterwasserfotografen lichten El Hierros faszinierende Fischwelt ab.
Bajada de la Virgen de Guadalupe: Mega-Fiesta (2023, alle fünf Jahre) mit Riesenprozession zu Ehren der Madonna von Guadalupe auf Gomera

NOVEMBER
San Andrés (30. November): Weinfest in Vallehermoso und Hermigua

Gomera: ist *guaguagomera.com,* auf El Hierro: *transhierro.net*

ZOLL

Obwohl sie zur Europäischen Union gehören, gelten für die Kanarischen Inseln zollrechtliche Sonderbestimmungen. Nach Österreich und Deutschland dürfen eingeführt werden: 200 Zigaretten oder 100 Zigarillos oder 50 Zigarren, 1 l hochprozentige Spirituosen mit mehr als 22 % Alkohol und 2 l Wein. Erlaubt sind 50 g Parfüm, 0,25 l Eau de Toilette, 500 g Kaffee. Für Schweizer Staatsbürger gelten ähnliche Bestimmungen.

IM URLAUB

AUSKUNFT

SPANISCHE FREMDEN-VERKEHRSÄMTER

Deutschland (Lichtensteinallee 1 | 10787 Berlin | Tel. 030 8 82 65 43); Österreich (Walfischgasse 8 | 1010 Wien | Tel. 01 5 12 95 80-11); Schweiz (Seefeldstr. 19 | 8008 Zürich | Tel. 04 42 53 60 50); offizielle Website: *spain.info*

BANKEN & KREDITKARTEN

Geldautomaten gibt es in jedem größeren Ort. Es werden hohe Gebühren fällig, sodass man zumindest für den ersten Teil des Urlaubs genügend Bargeld von zu Hause mitnehmen sollte. Kreditkarten werden in fast allen Restaurants und Geschäften akzeptiert. Gängig ist Visa. Schalterstunden der Inselbanken sind *Mo bis Fr 8.30 bis 14 Uhr,* manche Banken öffnen auch *Do 17 bis 19 und Sa 8.30 bis 13 Uhr*

CAMPING

Auf El Hierro gibt es in *Hoya del Morcillo* einen einfachen Campingplatz, auf La Gomera einen im Weiler *El Cedro.* Campen auf Privatgrundstücken ist nach Absprache mit dem Besitzer eventuell möglich, aber nicht selbstverständlich. Verzichte in jedem Fall auf offenes Feuer und achte darauf, alles sauber zu hinterlassen. Verboten sind Übernachtungen an Stränden, in Flussbetten sowie Naturschutzparks.

FEIERTAGE

1. Jan.	*Año Nuevo* (Neujahr)
6. Jan.	*Los Reyes* (Heilige Drei Könige)
März/April	Gründonnerstag; Karfreitag
1. Mai	*Día del trabajo* (Tag der Arbeit)
30. Mai	*Día de Canarias* (Tag der Kanarischen Inseln)
25. Juli	*Santiago* (Schutzpatron)
15. Aug.	*Asunción* (Mariä Himmelfahrt)
12. Okt.	*Día de la Hispanidad* (Entdeckung Amerikas)
1. Nov.	*Todos los Santos* (Allerheiligen)
6. Dez.	*Día de la Constitución* (Tag der Verfassung)
8. Dez.	*Inmaculada Concepción* (Mariä Empfängnis)
25. Dez.	*Navidad* (Weihnachten)

ÖFFNUNGSZEITEN

Restaurants und Tapas-Bars haben in der Regel mittags und abends geöffnet, einige bieten durchgängig warme Küche. Geschäfte öffnen werktags meist zwischen 9 und 10 Uhr und schließen gegen 20 Uhr. Kleinere Läden haben in der Siesta-Zeit (13.30–17 Uhr) geschlossen. Samstags wird meist nur bis 14 Uhr gearbeitet. Im Hochsommer öffnen viele Geschäfte nur vormittags!

POST

Die Postämter in den Hauptorten sind meist gut ausgeschildert. Marken für normale Briefe und Postkarten in EU-Länder und in die Schweiz kosten 1,35 Euro. Öffnungszeiten der Ämter: *Mo–Fr 8.30–14.30 Uhr*

PREISE

Preise und Angebot in den Supermärkten sind mit denen in Deutschland vergleichbar. Wegen der reduzierten Steuersätze ist auf den Inseln das Tanken deutlich billiger, auch Zigaretten sind günstiger. Restaurantbesuche haben preislich deutsches Stadtniveau, in überwiegend von Einheimischen besuchten Lokalen kommt man günstiger weg.
Museen und Sehenswürdigkeiten verlangen vergleichsweise geringe Eintrittspreise, Kinder zahlen in der Regel die Hälfte. Mit dem ☞ *Pasaporte para descubrir* kommst du für 18 Euro in alle Museen und Besucherzentren El Hierros. Erhältlich ist der Pass in der Touristeninfo am Flughafen bzw. in Valverde sowie in den Museen selbst.

TELEFON & HANDY

Die Vorwahl bei Auslandsgesprächen lautet für Spanien 0034, Deutschland 0049, Österreich 0043, die Schweiz 0041; vor der Ortsdurchwahl die voranstehende Null weglassen. In Spanien gibt es keine Ortsvorwahlen, sie sind in die Teilnehmernummer integriert.

Wer ein Inselgespräch über das Festnetz führen will, lässt die spanische Vorwahl weg und wählt die Teilnehmernummer, beginnend mit 922 (Festnetz) oder 6 (Mobil). Handys funktionieren meist nur in den größeren Küstenorten zuverlässig. In Schluchten heißt es zuweilen „no hay cobertura", zu Deutsch: „kein Empfang!" Seit innerhalb der EU die Roaming-Gebühren entfallen, kosten die Anrufe im EU-Ausland genauso viel wie im Heimatland. Bei einem Festnetzanschluss in der Unterkunft empfiehlt es sich, sich mit einer Billigvorwahl von zu Hause anrufen zu lassen.

WAS KOSTET WIE VIEL?

Taxi	1–1,20 Euro *pro Kilometer (plus* *Grundgebühr)*
Kaffee	ab 1,50 Euro *für eine Tasse Café* *con leche*
Busfahrt	etwa 1 Euro *für 10 km*
Benzin	ca. 1–1,20 Euro *für 1 l* *Normalbenzin*
Imbiss	ab 3 Euro *für Tapas im Lokal*
Mountainbike	15–30 Euro *Miete pro Tag*

TRINKGELD

War der Service gut, ist ein Trinkgeld von bis zu 10 Prozent angemessen. Lass dir zunächst das gesamte Wechselgeld geben und leg erst dann das Trinkgeld hin.

WLAN

El Hierro versteht sich als eine große WLAN-Zone – auch mitten in der Pampa findest du Schilder, die auf einen Gratis-Hotspot hinweisen. Auf beiden Inseln ist in vielen Lokalen WLAN kostenlos, doch nicht immer in Hotels – oft wird dort kräftig abkassiert.

NOTFÄLLE

DIPLOMATISCHE VERTRETUNGEN

Auf den Inseln gibt es keine diplomatischen Vertretungen.
Deutsches Konsulat Gran Canaria (C/ Albareda 3 | Las Palmas | Tel. 9 28 49 18 80 | spanien.diplo.de)
Deutsches Honorarkonsulat Teneriffa (Urbanizacíon Jardines La Quintana | C/ Guillermo Rahn 4 | Puerto de la Cruz | Tel. 9 22 24 88 20)
Österreichisches Honorarkonsulat Teneriffa (C/ Pérez Zamora 9 | Puerto de la Cruz | Tel. 9 22 37 63 64)
Schweizer Botschaft (C/ Núñez de Balboa 35a | Madrid | Tel. 9 14 36 39 60 | eda.admin.ch/madrid)

NOTRUF

Bei Diebstahl und allen Arten von Notfällen wählt man die *1 12* – die Anrufe werden auch auf Deutsch beantwortet.

WICHTIGE HINWEISE

GESUNDHEIT

Gesetzlich Versicherte aus EU-Ländern genießen auch auf den Kanaren Versicherungsschutz. Man benötigt dafür die Europäische Krankenversicherungskarte (EHIC), die man von seiner Krankenkasse erhält. Mit der EHIC wird man von Ärzten, Gesundheitszentren und Kliniken, die der staatlichen Seguridad Social angeschlossen sind, kostenfrei behandelt. Die Versicherungskarte gilt nicht für Privatärzte. Es ist daher sinnvoll, zusätzlich eine Reisekrankenversicherung (etwa 10 Euro) abzuschließen, die einen eventuellen Rücktransport beinhaltet und die Kosten auch für Privatärzte und Medikamente bei Vorlage einer Rechnung erstattet. Die Rechnung sollte so detailliert wie möglich sein *(cuenta detallada)*. Für eine private ärztliche Behandlung werden auf La Gomera und El Hierro etwa ab 40 Euro berechnet.

Die medizinische Versorgung auf La Gomera und El Hierro ist in der Regel gut. Für kleinere Probleme und erste Hilfe ist das örtliche Gesundheitszentrum, das *Centro de Salud* zuständig, z. B. *Centro de Salud San Sebastián (Av. José Aguiar | Tel. 8 22 17 12 09 19)*, bei ernsteren Verletzungen und Krankheiten das Hospital: auf La Gomera in der Hauptstadt San Sebastián *Hospital Nuestra Señora de Guadalupe (C/ Langrero | San Sebastián | Tel. 9 22 14 02 00)*.

Auf El Hierro befindet sich das Krankenhaus in Valverde: *Hospital Nuestra Señora de los Reyes (C/ La Constitución 29 | am Ortsausgang Richtung Hafen | Valverde | Tel. 9 22 55 29 90).* Dem Krankenhaus angeschlossen ist das Gesundheitszentum.

Apotheken *(farmacias)* sind auf den Inseln durch ein grünes Kreuz auf weißem Grund gekennzeichnet. Öffnungszeiten: *Mo–Fr 9–13 u. 16–19 Uhr, Sa nur vormittags.* Die aktuellen Adressen der Notdienste *(farmacia de guardia)* hängen aus. Es empfiehlt sich, alle notwendigen Medikamente von zu Hause mitzunehmen. Allerdings sind auch die Apotheken vor Ort gut sortiert, und der Preis für Arzneimittel ist oft niedriger als in Deutschland!

ZAHNÄRZTE

Die einheimischen Zahnärzte sprechen in der Regel nur Spanisch. Sehr zu empfehlen ist auf El Hierro in Tigaday im Golftal *Dr. Bachir (Mo–Fr 9–13 u. 16–20.30 | C/ La Carrera 8 | Tel. 9 22 55 50 77 | clinicabachir.es).*

DIEBSTAHLSCHUTZ

Einbrüche und Diebstähle sind auf La Gomera und El Hierro immer noch die Ausnahme. Trotzdem ist Vorsicht geboten. Auf keinen Fall Fotoapparate, Handtaschen, Reisegepäck oder andere wertvolle Gegenstände im Auto liegen lassen – auch nicht für einen kurzen Moment. Beim Verlassen des Apartments solltest du alle Türen und Fenster sorgfältig verschließen. Am Strand hast du am besten deine Badetasche im Blick.

WETTER IN SAN SEBASTIÁN

Hauptsaison
Nebensaison

	JAN.	FEB.	MÄRZ	APRIL	MAI	JUNI	JULI	AUG.	SEPT.	OKT.	NOV.	DEZ.
Tagestemperaturen	20°	21°	22°	23°	24°	26°	28°	29°	28°	26°	24°	21°
Nachttemperaturen	14°	14°	15°	16°	17°	19°	20°	21°	21°	19°	17°	16°
Sonnenschein Stunden/Tag	6	6	7	8	9	10	11	11	8	7	6	6
Niederschlag Tage/Monat	7	5	4	2	1	0	0	0	0	4	5	7
Wassertemperatur in °C	19	18	18	18	19	20	21	22	23	23	21	20

☀ Sonnenschein Stunden/Tag   ☂ Niederschlag Tage/Monat   ≈ Wassertemperatur in °C

SPICKZETTEL
SPANISCH

SMALLTALK

ja/nein/vielleicht	sí/no/quizás
bitte/danke	por favor/gracias
Hallo!/Auf Wiedersehen!/Tschüss!	¡Hola!/¡Adiós!/¡Hasta luego!
Gute(n) Tag!/Abend!/Nacht!	¡Buenos días!/¡Buenas tardes!/¡Buenas noches!
Entschuldige!/Entschuldigen Sie!	¡Perdona!/¡Perdone!
Darf ich …?	¿Puedo …?
Wie bitte?	¿Cómo dice?
Ich heiße …	Me llamo …
Wie heißen Sie?/ Wie heißt du?	¿Cómo se llama usted?/ ¿Cómo te llamas?
Ich komme aus … Deutschland/ Österreich/Schweiz	Soy de … Alemania/Austria/ Suiza
Das gefällt mir (nicht).	Esto (no) me gusta.
Ich möchte …/Haben Sie …?	Querría …/¿Tiene usted …?

ZEIGEBILDER

ESSEN & TRINKEN

Die Speisekarte, bitte!	¡El menú, por favor!
teuer/billig/Preis	caro/barato/precio
Könnten Sie mir bitte … bringen?	¿Podría traerme … por favor?
Flasche/Karaffe/Glas	botella/jarra/vaso
Messer/Gabel/Löffel	cuchillo/tenedor/cuchara
Salz/Pfeffer/Zucker	sal/pimienta/azúcar
Essig/Öl/Milch/Zitrone	vinagre/aceite/leche/limón
kalt/versalzen/nicht gar	frío/demasiado salado/sin hacer
mit/ohne Eis/Kohlensäure	con/sin hielo/gas
Vegetarier/Vegetarierin/Allergie	vegetariano/vegetariana/alergía
Ich möchte zahlen, bitte.	Querría pagar, por favor.
Rechnung/Quittung/Trinkgeld	cuenta/recibo/propina

NÜTZLICHES

Wo ist …? /Wo sind …?	¿Dónde está …? /¿Dónde están …?
Wie viel Uhr ist es?	¿Qué hora es?
heute/morgen/gestern	hoy/mañana/ayer
Wie viel kostet …?	¿Cuánto cuesta …?
Wo finde ich einen Internetzugang/WLAN?	¿Dónde encuentro un acceso a internet/wifi?
Hilfe!/Achtung!/Vorsicht!	¡Socorro!/¡Atención!/¡Cuidado!
Apotheke/Drogerie	farmacia/droguería
kaputt/funktioniert nicht	roto/no funciona
Panne/Werkstatt	avería/taller
Darf ich hier fotografieren?	¿Podría fotografiar aquí?
offen/geschlossen/Öffnungszeiten	abierto/cerrado/horario
Eingang/Ausgang	entrada/salida
Toiletten (Damen/Herren)	aseos (señoras/caballeros)
(kein) Trinkwasser	agua (no) potable
Frühstück/Halbpension/Vollpension	desayuno/media pensión/pensión completa
Parkplatz/Parkhaus	parking/garaje
Ich möchte … mieten.	Querría alquilar …
ein Auto/ein Fahrrad/ein Boot	un coche/una bicicleta/un barco
0/1/2/3/4/5/6/7/8/9/10/100/1000	cero/un, uno, una/dos/tres/cuatro/cinco/seis/siete/ocho/nueve/diez/cien, ciento/mil

URLAUBS FEELING

ZUM EINSTIMMEN & AUSKLINGEN

LESESTOFF & FILMFUTTER

VIVA LA REVOLUCIÓN

Abgedrehte Stories des „Valle-Boten": „Wie uns die Tourismusmanager die Flötentöne beibringen, was uns der letzte Guru von Gomera zu sagen hat und wie man zum Nulltarif Ferien machen kann" u. a. Schräges (2014, erhältlich vor Ort oder über *vallebote.de*).

TOD IM BARRANCO

Ein Drama in faszinierender Landschaft – und lauter schräge Typen, die die Handlung im Gomerakrimi von Harald Braem vorantreiben. En passent liefert der Autor viele Inselinfos in unterhaltsamer Form (2012).

INSEL DER ANGST

Ausgerechnet auf der überschaubaren und sicheren Insel El Hierro inszeniert Regisseur Gabe Ibáñez eine mysteriöse Entführung. Ihm ist ein Thriller mit beklemmenden Landschaftsaufnahmen gelungen (2017).

GUARAPO

Der Kultspielfilm der kanarischen Brüder erzählt, wie es auf La Gomera 1947 zuging: Landlose Bauern sind Großgrundbesitzern ausgeliefert – da bleibt nur die verzweifelte Flucht nach Amerika (1988, Regie: Teodoro und Santigo Ríos)

PLAYLIST QUERBEET

0:58

II CHÁCARAS Y TAMBORES GARAJONAY – ROMANCE
Die Folkgruppe führt meisterhaft den Kastagnetten-Sound vor

▶ **SABINOSA** – BAJADA DE LA VIRGEN
Die Tänzer aus El Hierro drehen sich zu Ehren Madonnas im Kreis

▶ **SAMUEL BENTO** – SILBÁME
Samuel singt von der Schönheit der Insel. Sil-

bo-Pfeifer und Timple-Spieler begleiten ihn

▶ **LOS SABANDEÑOS** – ISLAS CANARIAS
Die erfolgreiche Band huldigt singend den Inseln – eine Art kanarische Nationalhymne

▶ **VALENTINA HERNÁNDEZ** – ARRORÓ
Die legendäre Sängerin aus Sabinosa (El Hierro) singt ein Wiegenlied – archaisch und kraftvoll

Den Soundtrack zum Urlaub gibt's auf **Spotify** unter **MARCO POLO** Canaries

Oder Code mit Spotify-App scannen

AB INS NETZ

HOEHLENELHIERRO.DE
Geologie hautnah bieten Heidrun und Jörg, beide „zertifizierte Höhlenforscher auf El Hierro": Sie haben sich der Unterwelt verschrieben.

ONLINE.OPENFOTOSUB.ES
Tolle Fotos von El Hierros Tauchplätzen – aufgenommen beim jährlichen Tauchwettbewerb.

EL-HIERRO-TAUCHEN.DE/FILM.HTML
Der Clip der Tauchschule Fan Diving entführt dich in die traumhaft schöne

Unterwasserwelt von El Hierro, als Einstimmung auf deine Reise.

GRÜNSTE INSEL EUROPAS?
Das Bayerische Fernsehen berichtet über das Öko-Modellprojekt, mit dem El Hierro die grünste Insel Europas werden möchte (short.travel/lag5).

GOMERADRUMS
Jeden Abend trifft man sich am Strand im Valle Gran Rey, um den Sonnenuntergang mit einer stimmungsvollen Trommelsession zu zelebrieren (short.travel/lag6).

TRAVEL PURSUIT

Weißt du, wie La Gomera und El Hierro ticken? Teste hier dein Wissen über die kleinen Geheimnisse und Eigenheiten von Land und Leuten. Die Lösungen findest du in der Fußzeile. Und ganz ausführlich auf den S. 18–23.

❶ Welche spezielle Sprache wurde auf La Gomera entwickelt?
a) Zeichensprache
b) Pfeifsprache
c) Körpersprache

❷ Wie groß werden die Rieseneidechsen von La Gomera und El Hierro?
a) Bis zu 70 cm
b) Bis zu 1,50 m
c) Bis zu 2 m

❸ Wann wurde La Gomera von Hippies entdeckt?
a) In den 1950er-Jahren
b) In den 1970er-Jahren
c) Hippies haben sich auf der Insel nicht niedergelassen

❹ Welche Art von Kraftwerk wurde 2015 auf El Hierro in Betrieb genommen?
a) Ein Kohlekraftwerk
b) Ein Atomkraftwerk
c) Ein kombiniertes Wasser-, Solar- und Windkraftwerk

❺ Welcher Wind ist für die Kanaren wetterbestimmend?
a) Schirokko
b) Passat
c) Mistral

❻ Nach wem wurde La Gomeras höchster Gipfel benannt?
a) Nach einem legendären Liebes-paar
b) Nach einem Konquistadoren
c) Nach einem Wissenschaftler

❼ Welche Farbe haben die Strände der beiden Inseln?
a) Rötlich
b) Schwarz
c) Weiß

❽ Worum geht es bei der Legende von Gara und Jonay?
a) Um die Gomera-Version von Romeo und Julia
b) Um eine Hexenverbrennung
c) Um ein Verbrecherpaar

❾ Wie viele Tunnel hat La Gomera
a) Keine
b) Zwei
c) Mehr als ein Dutzend

❿ Wie viele Pflanzen sind Ur-Kanarier, d. h., sie entwickelten sich hier und nirgends sonst auf der Welt?
a) 7
b) 70
c) 700

REGISTER

LOB ODER KRITIK? WIR FREUEN UNS AUF DEINE NACHRICHT!

Trotz gründlicher Recherche schleichen sich manchmal Fehler ein. Wir hoffen, du hast Verständnis, dass der Verlag dafür keine Haftung übernehmen kann.

MARCO POLO Redaktion • MAIRDUMONT • Postfach 31 51 73751 Ostfildern • info@marcopolo.de

Impressum

Titelbild: El Hierro, Charco Manso Bucht am Punta Norte bei Echedo (Schapowalow: R. Gerth)

Fotos: AWL Images: W. Bibikow (Klappe vorne außen, Klappe vorne innen/1); W. Dieterich (30, 83); I. Gawin (33, 131); huber-images: G. Cozzi (51), O. Fantuz (69, 70/71), R. Gerth (85), F. Lukasseck (16/17), R. Schmid (Klappe hinten, 2/3, 8/9, 11, 13, 14/15, 24/25, 28/29, 36/37, 40/41, 54, 59, 72, 75, 114, 116/117, 126/127), F. Vallenari (26/27, 100, 119); Laif: M. Gumm (10, 34/35), G. Haenel (99), Jonkmanns (60), M. Sasse (32/33, 62/63, 77, 89, 92, 102, 128/129); Laif/hemis.fr: F. Guiziou (86, 90/91); Laif/Le Figaro Magazine: Charton (21), Compoint (45); Laif/robertharding: M. Lange (78/79); Look: H. Dressler (12), A. Strauß (64/65); Look/age fotostock (112); mauritius images: M. Siepmann (48); mauritius images/Alamy: picturesbyrob (22), Travelstock44 (29); mauritius images/hemis.fr: R. Mattes (6/7); mauritius images/imagebroker: M. Lange (52), M. Rucker (104/105), M. Siepmann (95); Shutterstock: R. Schneider (96)

9. Auflage 2021, komplett überarbeitet und neu gestaltet

© MAIRDUMONT GmbH & Co. KG, Ostfildern

Autoren: Izabella Gawin, Michael Leibl

Redaktion: Nadia Al Kureischi

Bildredaktion: Anja Schlatterer

Kartografie: © MAIRDUMONT, Ostfildern (S. 38–39, 106, 109, 111, 115, Umschlag außen, Faltkarte); © MAIRDUMONT, Ostfildern, unter Verwendung von Kartendaten von OpenStreetMap, Lizenz CC-BY-SA 2.0 (S. 42–43, 46, 57, 66–67, 80–81, 84)

Als touristischer Verlag stellen wir bei den Karten nur den De-facto-Stand dar. Dieser kann von der völkerrechtlichen Lage abweichen und ist völlig wertungsfrei.

Gestaltung Cover, Umschlag und Faltkartencover: bilekjaeger_Kreativagentur mit Zukunftswerkstatt, Stuttgart; Gestaltung Innenlayout: Langenstein Communication GmbH, Ludwigsburg

Spickzettel: in Zusammenarbeit mit PONS GmbH, Stuttgart

Texte hintere Umschlagklappe: Lucia Rojas

Konzept Coverlines: Jutta Metzler, bessere-texte.de

Printed in Poland

MIX
Paper from responsible sources
FSC® C018236

MARCO POLO AUTORIN
IZABELLA GAWIN

Izabella Gawin kennt die Kanaren wie ihre Westentasche, hat über die Inseln ihre Doktorarbeit sowie Wander- und Reiseführer verfasst. Auf der ITB wurde sie mit dem „Autorenpreis" ausgezeichnet. An den kleinen Inseln La Gomera und El Hierro begeistert sie die Natur: Lorbeer- und Kiefernwälder, zerklüftete Klippen und Schluchten, schwarze Lavastrände und brandungsumtoste Naturpools.

BLOSS NICHT!

FETTNÄPFCHEN UND REINFÄLLE VERMEIDEN

GUTE RATSCHLÄGE ERTEILEN

Cabezas cuadradas (Quadratschädel) werden Deutsche häufig genannt. Angespielt wird auf ihre öfters anzutreffende Art, alles besser wissen zu müssen. Sprüche wie „Organisation ist alles!" besser im Urlaub vergessen…

VERSTOPFUNG VERURSACHEN

In vielen stillen Örtchen wird darum gebeten, kein Papier in die Toilette zu werfen. Rohre in älteren Häusern sind so eng, dass sie leicht verstopfen. Das benutzte Papier im bereitgestellten Eimer deponieren!

ÜBERALL BADEN

An manchen Tagen sieht das Meer so ruhig aus, dass man meint, man könnte ohne Probleme zur Nachbarinsel schwimmen. Die Einheimischen bezeichnen das Meer dann als *mar muerto*, das tote Meer. Doch der Eindruck täuscht. Auch in Strandnähe lauern eine Menge tückischer und sehr schneller Strömungen.

SICH ABZOCKEN LASSEN

Brot gehört in Spanien zu jedem Essen. Früher war das umsonst, heute wird es kommentarlos auch ohne Bestellung serviert … und später dafür kassiert. Frag besser nach, ob es *a cuenta casa* (auf Kosten des Hauses) kommt!

EINFACH DRAUFLOS WANDERN

Trotz guter Wegmarkierung sind Wanderrouten auf La Gomera oft anspruchsvoll. Festes Schuhwerk, Sonnenschutz und viel Trinkwasser sind nötig. Bei Hitze besteht die Gefahr des Dehydrierens, bei schlechter Sicht, vom Weg abzukommen